V&R

Reiner Rohloff

Calvin kennen lernen

Vandenhoeck & Ruprecht

Bibliografische Information der Deutschen Nationalbibliothek

Die Deutsche Nationalbibliothek verzeichnet diese Publikation in der Deutschen Nationalbibliografie; detaillierte bibliografische Daten sind im Internet über http://dnb.d-nb.de abrufbar.

ISBN: 978-3-525-56967-2

Druck und Bindung: ⊕ Hubert & Co., Göttingen

Gedruckt auf alterungsbeständigem Papier.

Inhalt

Dank

Die Entstehung dieses Buches wäre ohne die Begegnung, den Austausch und die Zusammenarbeit mit den im Folgenden genannten Personen und Institutionen nicht denkbar gewesen.

Zu danken habe ich Christian Link für die nachhaltige Zweitbegegnung mit Johannes Calvin; Georg Plasger für die Anregung zur Abfassung, Irene Stephanus und dem Team von Vandenhoeck & Ruprecht für die professionelle Begleitung bei der Entstehung des Buches. Dagmar Pletz, Brigitte Schroven und Johanne Wesselink danke ich für die sorgfältige Kontrolllektüre, Emma Kutscherenko und Susanne Meijerink für ihre große Hilfsbereitschaft bei der Beschaffung von Literatur; dem Moderamen der Evangelisch-reformierten Kirche für die befristete Freistellung vom Gemeindedienst, Kirchenrat und Kollegen in Emlichheim für die Vertretung während der Zeit der Niederschrift. Vor allem aber danke ich meiner Familie für ihre Geduld und die nicht nachlassende Ermunterung, sich auch dann mit Calvin zu beschäftigen, wenn es den Interessen von Ehefrau und Kindern erkennbar zuwiderlief.

Emlichheim, im Mai 2008 Reiner Rohloff

Einleitung

Auf einem Holzregal in meinem Arbeitszimmer steht eine Büste aus Ton. Sie zeigt einen Mann aus dem 16. Jahrhundert. Er trägt die nicht nur für die damalige Zeit typische Kopfbedeckung eines gelehrten Franzosen. Das Gesicht des Mannes ist bärtig und ausgemergelt, sein Blick scheint leer und sich über den Betrachter hinweg in der Ferne zu verlieren. So wurde und wird Johannes Calvin häufig dargestellt: als weltabgewandter, asketischer und unnahbarer Herrscher von Genf. Ausgerechnet Johannes Calvin, dem nichts fremder und unangenehmer war als Aufhebens um seine Person. Auf seinen ausdrücklichen Wunsch weist bis heute kein Stein auf das Grab des bedeutenden Genfer Reformators hin.

Seine Büste wurde mir vor vielen Jahren anlässlich der Verabschiedung aus dem Vikariat überreicht. Während des Gottesdienstes hielt ich die schwere Büste ein wenig unschlüssig vor der versammelten Gemeinde und gelangte mit zunehmender Dauer zu der Einsicht, dass der Genfer Reformator ein ganz eigenes Gewicht hat, vielleicht auch: Dass man unter Umständen an Calvin schwer zu tragen hat.

In den darauf folgenden Jahren in meiner ersten Schweizer Kirchengemeinde fand ich für Calvin keinen geeigneten Platz. Ja, es war weniger auffällig, die zweifellos schöne Sandsteinkopie einer Engelfigur vom Berner Münster im Arbeitszimmer zu platzieren als ausgerechnet eine Büste von Johannes Calvin. Schon zu seinen Lebzeiten war sein Platz nicht in Bern gewesen.

Zurück in Deutschland, fiel mir auf, dass in evangelisch-reformierten Gemeindehäusern Porträts von Ulrich Zwingli und Martin Luther fast einträchtig nebeneinander hingen, manchmal ergänzt durch Philipp Melanchthon – Johannes Calvin hingegen fehlte. In den Dienstzimmern meiner Kolleginnen und Kollegen war Calvin dagegen hin und wieder anzutreffen. So fand er auch bei mir erstmals einen angestammten Platz.

Als ich Deutschland ein weiteres Mal Richtung Schweiz verließ, ließ ich Calvin zurück und vermachte ihn der Kirchengemeinde. In meinen Augen hatte er sich einen Platz im Kirchenratszimmer inzwischen redlich verdient. Ich hatte mich geirrt. Bei Gelegenheit nahm mich mein Nachfolger beiseite. Es war ihm offenkundig nicht recht, aber er gab mir zu verstehen, dass mein Geschenk eine große Verlegenheit ausgelöst habe. Man konnte mit dem Genfer nichts anfangen und fand keinen geeigneten Platz für ihn. Ja, in der Zwischenzeit wurde er sogar zweckentfremdet: Statt auf einem Regal oder auf einer Fensterbank stand Calvins Büste nun auf dem Fußboden und diente als Türstopper. Wir einigten uns darauf, dass ich die Büste wieder an mich nehmen sollte. Und ich war um die Erfahrung reicher, Calvin so schnell nicht loszuwerden. Seither hat er seinen Platz auf meinem Regal.

Gleich neben der Calvin-Büste steht das Modell einer Kirche. Gebastelt hat es unser ältester Sohn, als er vor Jahren das Bedürfnis hatte, das für ihn Wesentliche am Beruf seines Vaters auszudrücken. Sein Modell der Kirche ist nicht für die Ewigkeit bestimmt: Kirchenschiff und Turm bestehen aus Pappe. Das Dach ist mit farbigen Geschenkbändern und Klebestreifen am Turm befestigt – wie überhaupt alles, was diese Kirche zusammenhält, transparent oder bunt ist (Gen 37,3.23; 1. Petr 4,10). Die Glocke im Turm ist ein gehütetes Souvenir aus der Schweiz.

Das Modell der Kirche gleich neben der Büste Calvins ist nach menschlichem Maß vollständig. Sie ist eben ein Modell und daher weder perfekt noch für die Ewigkeit bestimmt. Und dennoch, vielleicht gerade deswegen, hänge ich an ihr.

Person und Werk Calvins sind ohne die Nähe zur Kirche nicht zu verstehen. Und auch sein Modell der Kirche ist nicht für die Ewigkeit bestimmt. Sie hat lediglich Bestand vom Anfang der Welt bis zu deren Ende. Als Kirchen- und Gemeindetheologe hat Calvin immer im Blick, was der Lehre und der Gestaltung der Kirche dient. Zugleich hält er an der Einheit der Kirche fest: Ökumene reicht weiter als die sichtbare Gestalt der Kirche, sie ist ohne die Bindung an das Wort Gottes nicht zu erreichen, die in einer entsprechenden Ordnung der Kirche ihren Ausdruck findet. Diese doppelte Blickrichtung auf das Wort Gottes und die Ordnung der Kirche ist zu beachten bei dem Versuch, Calvin kennen zu lernen.

Leben

Herkunft, Jugend, erste Ausbildung (1509–1523)

Johannes Calvin – sein französischer Name lautet Jean Cauvin – wird am 10. Juli 1509 in Noyon geboren. Schon von ferne sieht man die Türme der Kathedrale, die der Bischofsstadt in Nordfrankreich bis heute ihr Gepräge geben.

Johannes ist das vierte von sechs Kindern. Der jüngste Bruder stirbt bereits im Kindesalter. Seine Mutter, Jeanne Lefranc, ist fest im römisch-katholischen Glauben verwurzelt. Ihre Kinder lehrt sie dieselbe Hochschätzung der römischen Kirche und ihrer Traditionen. Die religiöse Erziehung, zu der auch die Teilnahme an Prozessionen und das Verehren von Heiligenbildern und Reliquien gehören, prägt den jungen Calvin. Viele Jahre später wird er schreiben, dass insbesondere die Ehrfurcht vor der Kirche ihn lange daran hinderte, sich frühzeitig für die Erneuerung der Kirche zu öffnen und der Reformation anzuschließen.

Nach dem frühen Tod der Mutter heiratet Calvins Vater, Gérard Cauvin, ein zweites Mal. Über seine zweite Frau erfahren wir nichts. Er hat sich aus einfachen Verhältnissen zum Finanzverwalter und Sekretär des Bischofs von Noyon hochgearbeitet. Er sorgt für den Lebensunterhalt der Familie und nimmt starken Einfluss auf die Erziehung der Kinder.

Als Calvin zwölf Jahre alt ist, verhilft ihm sein Vater zu einer Anstellung als Kaplan an der Kathedrale in Noyon und einige Jahre später an einer Pfarrei im benachbarten Marteville. Die Einkünfte aus beiden Stellen sollen es Calvin ermöglichen, die Kosten seiner vom Vater geplanten theologischen Ausbildung aufzubringen. Solche Anstellungen waren zur damaligen Zeit üblich. Sie waren nur mit Einkünften, nicht aber mit einer Tätigkeit verbunden. Man bezeichnet sie als Pfründen. Wegen des weit verbreiteten Missbrauchs wurde das Pfründenwesen im Gefolge der Reformation abgeschafft.

Bis 1523 bleibt Calvin in seiner Heimatstadt Noyon. Er besucht die Domschule und erlernt die Grundlagen der lateinischen Sprache. In dieser reinen Jungenschule wird Calvin gemeinsam mit den Kindern der adligen Familie de Montmort erzogen, mit denen ihn eine Freundschaft verbindet. Im Alter von 14 Jahren wird Calvin von seinem Vater nach Paris geschickt, um dort seine Ausbildung fortzusetzen.

Bildung und Studium (1523–1534)

Zeitumstände im Frankreich des 16. Jahrhunderts

Politik, Humanismus und evangelische Reformbestrebungen
Zu Beginn des 16. Jahrhunderts wird die Geschichte Frankreichs von der Politik König Franz' I. (1515–1547) bestimmt. Ihm lag besonders an der inneren Einheit des Königreiches, während es nach außen in einer immer neu aufkeimenden Rivalität mit dem spanischen König und späteren Kaiser Karl V. um die Vorherrschaft in Europa ging.

Die Kirche in Frankreich befand sich bereits seit langem in einer besonderen Situation: Seit 1438 hatte der französische König das Recht, Bischöfe zu ernennen. Das führte zwar zu einer weitgehenden Unabhängigkeit der gallikanisch genannten Kirche von Rom, aber gleichzeitig wuchs ihre Abhängigkeit vom König, der in seinen Absichten und seinem oft abwartenden Verhalten nur schwer einzuschätzen war. Franz I. hatte eine erklärte Sympathie für die Renaissance, eine seit dem 14. Jahrhundert von Italien ausgehende geistige Erneuerungsbewegung.

Als *Wiedergeburt der Antike* hatte die *Renaissance* das Ziel, Wissenschaften, Literatur und Kunst aus ihren Quellen im Altertum zu verstehen und zu erneuern. Gleichzeitig entwickelte sich als geistige Strömung der Humanismus, in dem die alten Sprachen Latein, Griechisch und Hebräisch eine neue Blüte erlebten, die Schriften des Altertums erschlossen und zur Grundlage des Denkens gemacht wurden. Der *Humanismus* stellte den *Menschen* in den Mittelpunkt seiner Weltdeutung und sah insbesondere in der Urteilsfähigkeit und in der Willensfreiheit des Menschen einen Ausdruck seiner Würde.

Seit dem Ende des 15. Jahrhunderts hatte die Renaissance auch Frankreich erfasst. Darüber hinaus breitete sich seit den zwanziger Jahren des 16. Jahrhunderts vor allem in den Schriften Martin Luthers reformatorisches Gedankengut in Europa aus.

Calvin beginnt seine wissenschaftliche Ausbildung in Paris am Collège de la Marche. Die Universität in Paris bestand damals aus einer großen Anzahl solcher Kollegien, in denen die Studenten wohnten und zugleich von den Professoren unterrichtet wurden. Dort erhält Calvin vorzüglichen Lateinunterricht. Er wird diese internationale Gelehrtensprache seiner Zeit schon bald ausgezeichnet beherrschen. Nun überträgt er, wie viele bedeutende Persönlichkeiten, auch seinen Namen ins Lateinische: Aus Jean Cauvin wird Ioannes Calvinus oder Johannes Calvin.

Sein Lehrer Mathurin Cordier bemüht sich, den Studenten am Collège de la Marche in der *devotio moderna* einen neuen Zugang zum Glauben zu erschließen.

Diese *moderne Frömmigkeit* genannte geistliche Erneuerungsbewegung war im 14. Jahrhundert entstanden. Über die Beschäftigung mit Texten des Glaubens sollte eine neue Beziehung zu Gott hergestellt werden, die sich im gemeinschaftlichen Leben niederschlug. So konnte Kritik an den bestehenden kirchlichen Verhältnissen mit einem inneren Neuaufbruch verbunden werden, ohne die römische Kirche zu verlassen.

Nach wenigen Monaten wechselt Calvin auf das Collège de Montaigu. Hier herrscht ein strenges Regiment. Körperliche Züchtigungen und übertriebenes Fasten sind nicht selten. Unterhaltungen sind nur im Flüsterton erlaubt. Der berühmte Humanist Erasmus von Rotterdam, der lange vor Calvin diese Einrichtung besucht hatte, spottete, dass er sich dort statt Theologie nur Erkältungen und Läuse geholt habe.

Calvin scheint dennoch im Collège de Montaigu gut zurechtgekommen zu sein. Die geforderte Disziplin und die starren Regeln kamen seiner Ernsthaftigkeit und Selbstdisziplin entgegen. Calvin war bekannt für seinen klaren Verstand und ein ausgezeichnetes Gedächtnis. Er soll es dadurch trainiert haben, dass er frühmorgens den Stoff des vergangenen Tages wiederholte. Die Kehrseite der unermüdlichen geistigen Anstrengungen waren körperliche Entbehrungen. Sie führten zu einer angeschlagenen Gesundheit, die Calvin sein Leben lang begleiten sollte.

Neben allem Lerneifer pflegt Calvin seine Freundschaften. Die Söhne de Montmor aus Noyon studieren mit ihm in Paris, ebenso sein Vetter Robert Olivétan, der spätere Übersetzer der französischen Bibel. Während des Studiums lernt Calvin Nicolaus Cop aus Basel kennen. Dessen Vater Guillaume Cop ist Leibarzt des französischen Königs und unterhält Kontakte zu den berühmtesten Humanisten seiner Zeit, darunter Erasmus von Rotterdam. In diesem Kreis lernt Calvin wahrscheinlich erstmals reformatorische Schriften Luthers und anderer kennen.

Die Reformation der Kirche hatte sich über einen längeren Zeitraum angebahnt und an einer Fülle von Missständen entzündet. Sie betrafen die in der römischen Kirche geltende Vorordnung der Tradition vor die Bibel und das aus dieser Schriftvergessenheit resultierende Verständnis von Glaube, Kirche, Amt und Abendmahl. Weitere, damit zusammenhängende Steine des Anstoßes waren der Ablasshandel, die Fürbitte der Heiligen und die Beichtpraxis. In dieser Weise unmündig und abhängig, herrschte unter den Gläubigen ein Klima der Angst anstelle von Vertrauen: Gottes Gnade schien einer einzigen Institution, der römischen Kirche, geradezu verfügbar zu sein, aber – ebenso wie das Wort Gottes – den Menschen entfremdet und fern: „Im Volke […] herrschte übergroße Ehrfurcht vor [Gottes] Wort, wie vor einem unnahbaren Wesen, das man aus der Ferne verehren, vor dessen genauer Erforschung man sich aber hüten müsse." (CStA 1.1, 407) Calvin ist rückblickend der Meinung, die Reformation sei notwendig gewesen, weil „das Licht der göttlichen Wahrheit erloschen, Gottes Wort begraben, die Bedeutung Christi tief vergessen und das geistliche Amt [gänzlich] verkehrt war." (CStA 1.2, 393)

Calvin kommt über den Kreis der Freunde, aber auch über seine Ausbildung immer stärker in Berührung mit dem Humanismus. Die Ausbildung am Collège de Montaigu umfasste einen Teil der *artes liberales*, der *freien Künste*, in denen mittelalterliche Methoden der Übersetzung, Auslegung und Abfassung von Texten eingeübt wurden. Diese literarische Grundausbildung schließt Calvin im Jahr 1528 ab. Damit hat er die Voraussetzung erfüllt, um das vom Vater gewünschte Studium der Theologie zu beginnen. Aber es sollte anders kommen.

Studium der Rechtswissenschaften und humanistische Studien

Noch im gleichen Jahr verlässt Calvin Paris, um in Orleans das Studium der Rechtswissenschaften aufzunehmen. Calvins Vater hatte seine Pläne überraschend geändert. Nachdem er sich mit den leitenden Geistlichen in Noyon überworfen hatte, sah er möglicherweise keine Zukunft mehr für eine theologische Laufbahn seines Sohnes.

Calvin studiert in Orleans und später in Bourges bei den berühmtesten Rechtsgelehrten seiner Zeit und betreibt seine juristischen Studien mit wenig Rücksicht auf seine labile Gesundheit. Gleichzeitig zieht es den gerade zwanzigjährigen Calvin immer wieder in die Kreise des Renaissance-Humanismus, der sich nicht nur Texten des griechischen und römischen Altertums, sondern zunehmend auch der Bibel zuwendet. So beginnt Calvin, bei dem aus Deutschland stammenden Melchior Wolmar Griechisch zu lernen.

Im Mai 1531 stirbt überraschend Calvins Vater. Nun fühlt er sich frei, seine humanistische Bildung zu vervollkommnen, und kehrt nach Paris zurück. Am fortschrittlichen Collège Royal, das noch heute unter dem Namen Collège de France existiert, vertieft Calvin seine Kenntnisse in Latein und Griechisch und beginnt Hebräisch zu lernen. In dieser Zeit schreibt er sein erstes Buch. Mit seinem Kommentar zu Senecas *De Clementia (Über die Milde)* begibt sich Calvin ins Gespräch mit den berühmtesten Humanisten seiner Zeit. In der Beschäftigung mit den klassischen Autoren geht es nun nicht mehr um eine bestimmte Auslegungsmethode von Texten, sondern um die Wiederentdeckung des Altertums vor dem Horizont der christlichen Religion.

Nachdem Calvin das Studium der Rechtswissenschaften im Jahr 1532 in Orleans abgeschlossen hat, kehrt er zur Vertiefung der humanistischen Studien wieder nach Paris zurück. Allerdings verschieben sich seine Interessen nun deutlich: Anstelle der klassischen Philosophen richtet sich Calvins Aufmerksamkeit auf die Bibel und die Schriften der Kirchenväter, der Theologen der ersten fünf Jahrhunderte nach Christus.

Eine Hinwendung Calvins zur Reformation ist bis 1533 nicht zu erkennen. Die christlichen Humanisten betreiben ihre Erforschung der Bibel weitgehend innerhalb des alten Glaubens, indem sie nach der Erneuerung der Kirche aus der Bibel fragen, ohne die römische Kirche grundsätzlich in Frage zu stellen. Calvins Hinwendung zur Reformation steht am Ende eines längeren Prozesses. Er schreibt rückblickend:

> Befremdet von dieser Neuerung [der reformatorischen Lehre, R.R.], wollte ich ihr mein Ohr kaum leihen und habe ihr […] anfangs tapfer und mutig widerstanden, zumal […] ich mich nur mit Mühe zu dem Eingeständnis bewegen ließ, ich hätte mein ganzes bisheriges Leben in Irrtum und Unwissenheit verbracht. Und besonders eines hinderte mich daran, jenen Leuten [den reformatorischen Vordenkern, R.R.] zu glauben: meine Ehrfurcht vor der Kirche. (CStA 1.2, 417)

Diese Entwicklung findet ihren Abschluss und Höhepunkt in einem Bekehrungserlebnis. Dabei geht es Calvin weniger um einen konkreten Zeitpunkt als darum, zu betonen, dass Gott diese Umkehr in seinem Leben bewirkt hat:

> Als sich mein Geist nun zu ernsthafter Aufmerksamkeit bereit fand, da merkte ich erst, wie wenn mir jemand plötzlich ein Licht aufgesteckt hätte, in was für einem Sumpf von Irrtümern ich mich gewälzt hatte […]. Tief bestürzt über die Erkenntnis des Elends, in das ich gefallen war, […] hielt [ich] nichts für dringlicher, als […] über meine bisherige Lebensführung den Stab zu brechen und mich auf […] [den von Gott vorgesehenen, R.R.] Lebensweg zu verpflichten. (CStA 1.2, 419ff)

Später wird Calvin diese Wendung in seinem Leben als „plötzliche Bekehrung" zur Gelehrsamkeit bezeichnen (PsKomm, 6).

Antrittsrede von Nicolaus Cop

Im Jahr 1533 beginnt sich der Konflikt zwischen denen, die nach einer grundlegenden Erneuerung der Kirche streben, und konservativen Kräften innerhalb der römischen Kirche zu verschärfen. König Franz I. ist fast das ganze Jahr hindurch nicht in Paris. Er lässt sich von seiner Schwester Margarete von Navarra vertreten. Margarete macht aus ihrer Aufgeschlossenheit für die überfällige Erneuerung der Kirche keinen Hehl. Mit ihrer ausdrücklichen Billigung werden von den Kanzeln in Paris evangelische Predigten gehalten. Das positive Echo in der Bevölkerung auf Predigt und Seelsorge im Geist der Reformation missfällt den konservativen Kräften außerordentlich, so dass sich im Herbst 1533 die Auseinandersetzung zwischen evangelisch Gesinnten und denen, die am alten Glauben festhalten möchten, zuspitzt: Schüler führen ein Theaterstück auf, in dem die evangelische Haltung Margaretes angegriffen und die Schwester des Königs lächerlich gemacht wird. Wenig später setzen Studenten der theologischen Fakultät Sorbonne ein Buch Margaretes auf den Index der zu verbietenden Bücher. In der darauf folgenden Auseinandersetzung zwischen Universität und Thron stellt sich Nicolaus Cop, der Sohn des königlichen Leibarztes, ein Freund Calvins, offen auf die Seite Margaretes und kann einen Konflikt mit den Theologen der Sorbonne gerade noch abwenden.

Am 1. November 1533 hält Nicolaus Cop seine Antrittsrede als neuer Rektor der Universität in der Franziskanerkirche in Paris. Die Rede ist eine unmissverständliche Zeitansage zur religiösen und politischen Lage im Herbst 1533. Sie ruft dazu auf, das Evangelium unerschrocken zu verkündigen und in Verfolgung durchzuhalten:

> Es heißt: „Selig seid ihr, wenn die Menschen euch Böses tun und verfolgen um meinetwillen und sie euch alles Böse lügnerisch nachsagen." (Mt 5,10) Warum sollen wir also leisetreten und nicht vielmehr einfach die Wahrheit sagen? Oder ist es etwa besser, den Menschen mehr zu gefallen als Gott? [...] Die Welt und die Bösen bezeichnen die als Häretiker, Verführer, Bösewichter und Verfluchte, die den gläubigen Seelen nur das Evangelium rein [...] einzuträufeln sich mühen; und damit meinen sie noch, Gott besonders gehorsam zu sein. Wahrhaftig selig und glücklich, wer solches mit Gleichmut erträgt [...] und mit festem [...] Mute Widrigkeiten auf sich nimmt. (CStA 1.1, 23)

Vieles spricht dafür, dass Johannes Calvin diese Rede verfasst hat. Sie löst einen Sturm der Entrüstung aus. Cop wird des Abfalls vom Glauben bezichtigt. Als der König verlangt, dass der Rektor zur Verantwortung gezogen werden müsse, verlässt dieser die Stadt fluchtartig. Auch Calvin entschließt sich, Paris zu verlassen. Er verbringt einige Zeit in Angoulême bei Louis du Tillet, einem seiner Freunde. Dort steht ihm eine umfangreiche Bibliothek zur Verfügung, so dass Calvin sich einen Grundstock an Wissen vor allem über die Kirchenväter aneignen kann. In dieser Zeit verfasst er sein erstes, allerdings erst 1542 veröffentlichtes reformatorisches Werk *Über das Durchwachen der Seele (De Psychopannychia)*, in dem er sich gegen die Täufer wendet.

Die Schweizer Täufer haben ihre Ursprünge in der Zürcher Reformation. Der Reformator Ulrich Zwingli war einigen seiner Anhänger bei der Umsetzung reformatorischer Überzeugungen nicht konsequent genug. Auch für die Täufer galt die Bibel als Grundlage zur Erneuerung der Kirche. Ihr Leben in der Nachfolge Christi verbanden sie jedoch mit einer starken Geringschätzung des Alten Testaments. Die Freiwilligen- oder Gläubigentaufe ist ein Zeichen der Wiedergeburt und der Aufnahme in die Gemeinde. Unter Berufung auf den Heiligen Geist fühlen sich die Glaubenden unmittelbar an Jesus Christus gebunden. Dahinter tritt die Bindung an das Wort Gottes und an jede äußere Form oder Ordnung zurück. Dadurch war auch das Verhältnis der Täufer zur Obrigkeit bestimmt und gespannt. Die Reformatoren stellten sich mehrheitlich gegen die Täufer und unterstützten deren Verfolgung, die laut Reichsrecht seit 1529 erlaubt war. Durch die einsetzenden Verfolgungen und den ausgeprägten Hang der Täufer zur Evangelisation verbreitete sich deren Bewegung rasch in der deutschsprachigen Schweiz. Eigene Ausprägungen findet das Täufertum in Süddeutschland, Österreich, Tirol, Mähren und Hessen, später in Norddeutschland und in den Niederlanden. In der Errichtung des Täuferreiches in Münster (1534) verband sich radikalisiertes Gedankengut der Täufer mit Unzufriedenheit über soziale und wirtschaftliche Not. Das Täuferreich als neues Jerusalem (Offb 3,12; 21,2) hatte sich allerdings von den Grundüberzeugungen der Täuferbewegung weit entfernt und fand 1535 ein gewaltsames Ende. Die Rückbesinnung auf die friedlichen Wurzeln der Täufer, verbunden mit dem Namen Menno Simmons, war ein notwendiger und schwieriger Prozess. Die Bedeutung der Täufer reicht weit über ihre Anfänge hinaus. Mit *Schweizer Brüdern, Hutterern* und *Mennoniten* lassen sich Richtungen benennen, in denen eine geschichtliche Verbindung zur Täuferbewegung fortbesteht und das Gedankengut der Täufer in je eigener Prägung bewahrt wird.

Calvins Hinwendung zur Reformation wird damit zu einem Weg zwischen zwei Extremen: Auf der einen Seite die Täufer, die eine individuelle Bindung der Glaubenden an Jesus Christus über das Wort Gottes und eine entsprechende Ordnung stellen, auf der anderen Seite die römische Kirche, die ihre Tradition und daraus abgeleitete Ordnungen über das Wort Gottes stellt.

Am 4. Mai 1534 verzichtet Calvin auf seine Pfründe in Noyon. Das in der römischen Kirche geltende kanonische Recht verlangte bis zum vollendeten 25. Lebensjahr eine Entscheidung über den Empfang der Priesterweihe. Mit dem Verzicht auf die Pfründe bringt Calvin zum Ausdruck, der römischen Kirche nicht als Priester dienen zu wollen. Dieser Schritt ist die Besiegelung eines sich lange abzeichnenden Bruchs mit Rom.

Plakataffäre
In Paris hat sich die Lage seit der Rektoratsrede von Nicolaus Cop vermeintlich beruhigt. Die evangelisch Gesinnten wittern Morgenluft. Die Situation scheint günstig, die evangelische Sache weiter voranzubringen, zumal Franz I. aus Rücksicht auf die mit ihm verbündeten deutschen protestantischen Fürsten gegenüber evangelischen Neuerungen im eigenen Land eine gewisse Milde walten lassen muss.

Diese günstigen Voraussetzungen, die Reformation in Frankreich voranzubringen, werden allerdings durchkreuzt: In der Nacht vom 17. auf den 18. Oktober 1534 werden auf öffentlichen Plätzen in Paris und Umgebung Plakate angebracht, auf denen die römische Messe scharf verurteilt wird. Sogar an der Schlafzimmertür des Königs wird ein solches Plakat gefunden.

Diese Aktion wird nicht als Ausdruck evangelischer Gesinnung, sondern als Anschlag auf die öffentliche Ordnung in Frankreich und als persönliche Beleidigung des Königs gewertet. Im ganzen Land brechen Unruhen aus, mit schweren Verfolgungen der *Luthériens*, wie die Anhänger des evangelischen Glaubens damals genannt werden. Die Verfolgungen kosten zahlreiche Menschen das Leben, darunter auch enge Freunde Calvins. Nun ist auch für Calvin der Zeitpunkt gekommen, das Land zu verlassen.

Basel, Ferrara und Paris (1535–1536)

Calvin verlässt Frankreich im Januar 1525 und lässt sich unter einem Decknamen in Basel nieder. Die Stadt am Rhein hatte sich bereits 1529 der Reformation angeschlossen, eine eigene kirchliche Rechtssprechung und Kirchenordnung eingeführt und dieses

1534 im Basler Bekenntnis bekräftigt. Der Reformator Johannes Oekolampad und seine Nachfolger legten außerdem Wert darauf, dass die Gemeinde auch als Abendmahlsgemeinschaft erkennbar war. Calvin hatte in seinen späteren Bemühungen, der Kirche in Genf eine Ordnung zu geben, auch die Verhältnisse in Basel vor Augen.

Von Basel aus hält Calvin Kontakt zu Personen, die eine wichtige Rolle bei der Einführung und Festigung der Reformation in der Schweiz, in Frankreich oder in oberdeutschen Städten wie Straßburg spielen. Beim hoch gelehrten Sebastian Münster in Basel erwirbt er ausgezeichnete Kenntnisse in hebräischer Grammatik und Exegese, die für die Auslegung und das Verständnis des Alten Testaments unverzichtbar sind.

In Basel verfasst Calvin das Vorwort zur französischen Bibelübersetzung seines Vetters Robert Olivétan. Es enthält bereits wesentliche Elemente von Calvins Theologie. Ebenfalls im Jahr 1535 entsteht in Anlehnung an Luthers Kleinen Katechismus die erste Ausgabe der *Institutio Christianae religionis*. Dieses bekannteste Werk Calvins, der *Unterricht in der christlichen Religion*, wird 1536 veröffentlicht. Das Widmungsschreiben an König Franz I. wird auch allen folgenden Ausgaben der Institutio vorangestellt. Calvin zeigt sich darin als leidenschaftlicher Anwalt der verfolgten Evangelischen in Frankreich. Er setzt sich für die Rehabilitierung der Verfolgten ein und erinnert Franz I. an die Milde als oberste Tugend gerechter Machtausübung. Das Widmungsschreiben der Institutio ist ein beeindruckendes Dokument der verfolgten Kirche, eine eindringliche Zurückweisung römischer Polemik gegen die Befürworter der Reformation und ein Plädoyer für die wahre Gestalt der Kirche (vgl. CstA 1.1, 59–63). Rückblickend schreibt Calvin, was ihn zur Abfassung der Institutio bewogen hat:

> Man beabsichtigte, die unwürdige Vergießung unschuldigen Blutes durch [...] falsche Verleumdung der [...] Glaubenszeugen zu begraben, um nachher mit Morden wüten zu können, ohne durch Mitleid anderer daran gehindert zu werden. Es wurde mir klar, daß ich, falls ich schwiege, ein Verräter sein werde. Daher sah ich es für meine Pflicht an, diesem nach Kräften entgegenzutreten. Das war der Grund, der mich zur Herausgabe meines Christlichen Unterrichts [Institutio] veranlaßte. Einmal wollte ich dadurch meine Brüder, deren Tod wert geachtet war vor Gott,

von der unverdienten Schmach befreien. Dann wollte ich auch für die vielen Elenden, denen dieselbe Strafe drohte, wenigstens etwas Mitgefühl und Teilnahme bei den anderen Völkern erwecken. (PsKomm, 7)

Von Basel aus unternimmt Calvin eine Reise nach Oberitalien zur Herzogin von Ferrara. Sie war als gebildete Frau und Befürworterin der Reformation bekannt. Aus dieser Begegnung entwickelt sich eine tiefe Verbundenheit, wie der bis zum Tod Calvins andauernde Briefwechsel belegt.

In Ferrara begegnet Calvin dem Dichter Clément Marot, der Jahre später in Straßburg und Genf die Psalmen bereimen wird, und dem Künstler Tizian. Aus Ferrara schreibt Calvin zwei Briefe an ehemalige Freunde. Er kritisiert sie für ihre Teilnahme an katholischen Riten oder die Inanspruchnahme von Pfründen, obwohl sie reformiert gesinnt sind. Später wird Calvin Menschen mit dieser Haltung nach dem Beispiel des Nikodemus (Joh 3,1–21) als Nikodemiten bezeichnen.

Zurück in Basel, begibt sich Calvin noch einmal nach Frankreich. Er besucht Freunde in Paris und regelt Erbschaftsangelegenheiten in Noyon. Auf dieser letzten Reise durch Frankreich sieht er das ganze Elend der evangelischen Christinnen und Christen. Calvin kann seine Schwester Marie und seinen jüngeren Bruder Antoine dazu bewegen, gemeinsam mit ihm Frankreich zu verlassen. Er möchte nach Basel oder Straßburg reisen, um von dort aus die Reformation in Frankreich zu unterstützen. Durch Feindseligkeiten zwischen Kaiser Karl V. und König Franz I. ist der Weg nach Straßburg versperrt. Calvin und seine Geschwister sind gezwungen, einen folgenreichen Umweg über Genf zu nehmen.

Erster Aufenthalt in Genf (1536–1538)

Als bekannt wird, dass Calvin in der Stadt ist, sucht ihn Wilhelm Farel überraschend in seinem Nachtquartier auf. Er bittet Calvin eindringlich, in Genf zu bleiben und bei der Durchsetzung der Reformation mitzuarbeiten. Calvin lehnt das ab. Er fühlt sich für die praktische Arbeit nicht geeignet und sieht sich als Gelehrten, der die Reformation am ehesten mit seinen Studien und Schriften unterstützen kann. Er schreibt:

Ich hatte vor, möglichst bald von Genf weiter zu reisen. [...] Hier war kurz vorher durch die Arbeit dieses vorzüglichen Mannes [Farel] und des Petrus Viret das Papsttum verdrängt worden. Aber es war noch alles ungeordnet und die Stadt in schlimme und gefährliche Parteien zerrissen [...]. Farel nun, da er von unglaublichem Eifer, das Evangelium zu verbreiten, beseelt war, setzte alle Hebel an, um mich zurückzuhalten. Als er sah, daß [...] er durch Bitten nichts bei mir erreichen konnte, scheute er sich nicht, mich zu beschwören. Er sagte, Gott möge meine Muße verfluchen, wenn ich ihm in dieser großen Not meine Hülfe versagen würde. Hierüber war ich so erschrocken, daß ich davon abstand, meine Reise fortzusetzen. (PsKomm, 7f)

Politische und kirchliche Situation in Genf

Widerstreitende Interessen zwischen dem Herzogtum Savoyen und der Stadt Bern kennzeichneten die verworrene politische, aber auch kirchliche Lage der Stadt. Genf stand seit 1444 im Einflussbereich des römisch-katholischen Savoyens. Der Fürstbischof in Genf hatte nicht nur kirchliche Macht. Er erließ auch die Gesetze im Namen des Kaisers. Mit einem Städtebündnis (Burgrechtsvertrag) zwischen Bern, Fribourg und Genf im Jahr 1526 beginnt eine tiefgreifende Veränderung. Die Macht des Bischofs wird zunehmend eingeschränkt.

Die Abschaffung des römischen Gottesdienstes 1528 in Bern hatte auch Auswirkungen auf Genf. Seit 1532 hatte Wilhelm Farel mehrere vergebliche Anläufe unternommen, Genf für die Reformation zu gewinnen. Ab 1534 schienen sich die reformatorischen Bestrebungen in der Stadt durchzusetzen. Noch einmal versuchte der Bischof, unterstützt von Savoyen, Genf mit Waffengewalt für die römische Kirche zurück zu gewinnen. Das schlug dank des militärischen Eingreifens Berns fehl. Seit Frühjahr 1535 wurde in Genf evangelisch gepredigt. Schließlich wurde die Reformation im Mai 1536 per Volksabstimmung offiziell eingeführt. Dennoch war die Einführung der Reformation nicht unumstritten: Die einen hatten politische, die anderen religiöse Gründe, die Vorherrschaft des römisch-katholischen Savoyens über Genf abschütteln zu wollen. Und an die Stelle der Abhängigkeit von Savoyen war die Abhängigkeit von Bern getreten.

Außerdem stellte sich in Genf die gleiche Frage, vor der auch andere Orte nach der Einführung der Reformation gestanden hatten: Wie kann die evangelische Lehre zur Geltung kommen? Wer ist wofür zuständig? Welche Ordnung gilt? Heißt Erneuerung zugleich *Freiheit* von jedem Gesetz und von jeder Autorität? Die sogenannten *Libertiner* schienen dieser Meinung zu sein. Eine andere Antwort ergab sich aus der politischen Neuordnung der Stadt Genf nach der Abkehr vom römischen Katholizismus.

Politische Neuordnung

Seit dem Bündnis mit Bern lagen die inneren und äußeren Angelegenheiten Genfs nicht mehr in den Händen des Bischofs. Für die Angelegenheiten der Stadt waren nun außer der Bürgergemeinde (Bürgerversammlung) insbesondere der Große Rat und der Kleine Rat zuständig. Der Große Rat wurde aufgrund der Zahl seiner Mitglieder auch Rat der Zweihundert genannt. Er repräsentierte die Stadt nach außen und war das gesetzgebende Organ der Stadt. In seine Zuständigkeit fielen Entscheidungen über Krieg und Frieden, Vertragsabschlüsse, bestimmte Wahlen sowie die Steuer- und Münzgesetzgebung. Dem Kleinen Rat gehörten die höchsten Amtsträger der Stadt an. Einer der vier Bürgermeister führte den Vorsitz. Als oberste Verwaltungsbehörde führte der Kleine Rat die täglichen Regierungsgeschäfte, entschied in fast allen innen- und außenpolitischen Fragen und war für wichtige Bereiche der Rechtssprechung zuständig. Dabei blieb er, wie zuvor der Bischof, an das kaiserliche Reichsrecht gebunden. Die politische Macht in Genf lag in den Händen des Kleinen Rates. Auch in kirchlichen Angelegenheiten entschied seit der Entmachtung des Bischofs die politische Obrigkeit. Was immer an Veränderungen innerhalb der Genfer Kirche beschlossen werden und gelten sollte, das war nun Sache der Politik.

In dieser Situation, deren Auswirkungen für die Kirche kaum überschaubar waren, wird Calvin genötigt, bei der Neuordnung der Kirche in Genf mitzuhelfen. Er tut dies ausdrücklich nicht aus freien Stücken. Rückblickend schreibt er, dass er das furchteinflößende Auftreten Farels so erlebt habe, „als ob Gott selbst vom Himmel seine starke Hand auf mich gelegt hätte."
(PsKomm, 7)

Artikel zur Ordnung der Kirche

Calvin beginnt seine Tätigkeit in Genf als theologischer Lehrer. Als Lektor der heiligen Schrift an der Kirche St. Pierre hält er Vorlesungen über biblische Bücher, bevor er wenig später auch mit dem Predigtdienst beauftragt wird. Schon bald erkennt Calvin die Notwendigkeit, an der Neuordnung der Genfer Kirche mitwirken zu müssen: „Als ich zum ersten Mal in diese Kirche kam, war nichts vorhanden. Man predigte, und das war schon alles. [...] Es gab keine Reformation. Alles befand sich in einem wüsten Durcheinander." (CStA 2, 295)

Zur Erneuerung der Kirche gehören nach Überzeugung von Calvin und Farel eine Ordnung zur Gestaltung der Kirche auf biblischer Grundlage, ein Bekenntnis als Ausdruck dessen, was die Gemeinde glaubt, und ein Katechismus, in dem die Glaubensinhalte verständlich zusammengefasst sind.

Im November 1536 werden dem Rat die *Artikel zur Ordnung der Kirche* vorgelegt. Es sind Vorschläge zur Neuordnung der Genfer Kirche. Ausgangspunkt ist das Abendmahl. Nachdem die evangelische Predigt in Genf gewährleistet ist, soll die christliche Gemeinde auch als Abendmahlsgemeinschaft erkennbar sein: Kirche ist dort, „wo Gottes Wort rein gepredigt und gehört und die Sakramente entsprechend der Einsetzung Jesu Christi verwaltet werden." (CStA 1.1, 110)

Das Abendmahl soll möglichst an jedem Sonntag gefeiert werden (Apg 2,42.46). Die Austeilung von Brot und Wein soll durch die Pfarrer erfolgen. Dann folgen vier Vorschläge:

Um das Abendmahl vor Missbrauch zu schützen (1. Kor 11,29), soll die Kirchenzucht nach altkirchlichem Vorbild eingeführt werden. Das Recht zur Ausübung der Kirchenzucht soll bei der Kirchengemeinde liegen. Dazu sollen in jedem Stadtteil Menschen mit gutem Ruf beauftragt werden, den Lebenswandel der Gemeindeglieder zu beobachten und Auffälligkeiten zu melden. Beginnend mit einer Ermahnung, über die Bekanntmachung in der Gemeinde bis zum Ausschluss vom Abendmahl (Mt 18,15–17) soll der Name Christi geehrt, der fehlbare Mensch zur Einsicht geführt und andere Gemeindeglieder von einer Nachahmung des Fehlverhaltens abgehalten werden.

Um die Kirche aufzubauen, das heißt, um die Gemeinde zum Gebet zu ermuntern und im Gebet zu bestärken, soll als öffentliche Form der Anbetung Gottes der Psalmengesang im Gottesdienst eingeführt werden (vgl. CStA 1.1, 115).

Mithilfe einer leicht verständlichen Zusammenfassung der Glaubensinhalte (Katechismus), sollen Kinder und Jugendliche im christlichen Glauben unterwiesen werden.

Und schließlich soll unter Beteiligung der Genfer Pfarrer ein Ehegericht eingesetzt werden, in dem Streitfälle anders als nach dem bislang geltenden kanonischen Recht geklärt werden.

Etwa zeitgleich mit den Artikeln erscheint ein von Wilhelm Farel verfasstes *Glaubensbekenntnis*. Die Reformatoren erhofften sich, dass der Genfer Rat sich dieses Bekenntnis zu Eigen machte, bevor die Bürger dem Bekenntnis zustimmen sollten. Das sollte eine Zulassungsvoraussetzung zum Abendmahl sein.

Wenig später erscheint Calvins *Genfer Katechismus*. Als Zusammenfassung der Institutio von 1536 bietet er den Lernstoff für die in den Artikeln geforderte Unterweisung der Kinder.

Die Artikel zur Ordnung der Kirche werden im Januar 1537 nur mit Einschränkungen angenommen: Das Abendmahl soll wie bisher nur vier Mal im Jahr gefeiert werden. Für das Ehegericht ist allein der Kleine Rat zuständig. Auch die Einführung der Kirchenzucht findet keine Zustimmung der Politik. Als unüberwindliche Hürde erweist sich das Vorhaben der Reformatoren, die Gemeinde auf ein Glaubensbekenntnis zu verpflichten. Die Anhänger der Reformation sind keineswegs so stark wie erhofft, und auch unter diesen lehnen etliche die Kirchenzucht ab. Sie wollen die Freiheit von der römischen Bevormundung nicht gegen eine in ihren Augen neue Unfreiheit eintauschen. Der Versuch des Rates, die Bürger unter Androhung des Entzugs ihrer Bürgerrechte zum Bekenntnis zu zwingen, bewirkt das Gegenteil. Bei den Wahlen im Jahr 1538 siegt die Opposition.

Am misslungenen ersten Anlauf zur Neuordnung der Genfer Kirche wird zweierlei deutlich: Offensichtlich sah sich der Rat in seinen Zuständigkeiten beschnitten und befürchtete durch Zugeständnisse an die Kirche eine Einschränkung seiner gerade gewonnenen Macht. Demgegenüber lag den Reformatoren mit ihrer Forderung nach Einführung der Kirchenzucht an einer Unterscheidung der Zuständigkeiten von Kirche und Staat. Aufgrund ihrer Unerfahrenheit schätzten sie die politischen und kirchlichen Kräfteverhältnisse in Genf allerdings falsch ein.

Hinzu kommt in dieser schwierigen Lage, dass mit Pierre Caroli, einem Prediger aus Lausanne, ein unerwarteter Gegner auf den Plan tritt. Er beschuldigt die Reformatoren der Ketzerei und wirft Calvin vor, die Dreieinigkeit Gottes zu leugnen. Zwar können die Genfer diesen Vorwurf entkräften, aber die Auseinandersetzung mit Caroli schwächt ihre Position zusätzlich.

Konflikt mit dem Genfer Rat und Verbannung

Zur selben Zeit ist Bern bestrebt, in seinem Einflussbereich, zu dem auch Genf gehört, eine möglichst einheitliche Liturgie und Praxis des Gottesdienstes durchzusetzen. Der neu gewählte Rat in Genf, in dem seit Frühjahr die Gegner Calvins die Mehrheit haben, nutzt diese Gelegenheit, seine noch zerbrechliche Macht zu festigen. Er beschließt, die Berner Ordnung auch in der Genfer Kirche verbindlich zu übernehmen. Dieser Beschluss des Großen Rates wird gefasst, ohne die Genfer Pastoren vorher darüber zu informieren. Der blinde Pastor Elie Coraud widersetzt sich der neuen Ordnung als Erster und wird verhaftet, als er trotz Predigtverbots seine Kanzel besteigt. Dagegen protestieren Calvin und Farel heftig und werden ebenfalls mit einem Predigtverbot belegt. Trotzdem besteigt Calvin am Ostersonntag 1538 seine Kanzel in St. Pierre. Allerdings sieht er sich aufgrund der angespannten Lage in der Stadt außerstande, das Abendmahl mit der Gemeinde zu feiern. Der Rat kann die Übertretung des Predigtverbots und die Anmaßung Calvins, die Abendmahlsfeier zu unterlassen, nicht hinnehmen. Calvin, Farel und Coraud werden entlassen und aufgefordert, die Stadt binnen drei Tagen zu verlassen. Auf einer Synode Anfang Mai werben die Genfer Theologen noch einmal für ihre Haltung und versuchen ihren Standpunkt zu begründen, der den Genfer Bürgern mitgeteilt wird. Aber auch ein letzter Vermittlungsversuch Berns scheitert. Die Stimmung in Genf hat sich definitiv gegen die Reformatoren gewendet. Ein nochmaliges Betreten der Stadt wird ihnen verwehrt. Elie Coraud stirbt kurz darauf in Orbe, Wilhelm Farel wird im Juli 1538 nach Neuchâtel berufen, und Johannes Calvin beschließt, sich als Gelehrter niederzulassen, und zieht nach

Basel. Seine Freunde können Calvins starre Haltung im Konflikt mit den Genfern nicht nachvollziehen. Schon gar nicht, dass Calvin nur noch seinen Studien nachgehen möchte. Schon im September kann er sich dem dringenden Ruf auf eine Pfarrstelle in Straßburg nicht entziehen:

> Frei von meiner übernommenen Pflicht, beschloß ich, als Privatmann ein ruhiges Leben zu führen – da rief mich der ausgezeichnete Diener Christi Martin Butzer wiederum durch eine ähnliche Beschwörung, wie sie Farel gebrauchte, auf einen neuen Posten. (PsKomm, 8)

In Straßburg (1538–1541)

Praktische Lehrjahre und theologische Akzente

Straßburg ist zu dieser Zeit eines der bedeutendsten Zentren des Protestantismus. Nach ersten reformatorischen Anfängen 1521 und zunehmender Kritik an der römischen Messe hatte der Magistrat unter seinem einflussreichen Bürgermeister Jakob Sturm den römischen Kultus im Jahr 1529 für beendet erklärt. Damit hatte sich die freie Reichsstadt der Reformation zugewandt. Bereits seit 1523 waren Wolfgang Capito, Martin Bucer und Caspar Hedio als Pfarrer in Straßburg tätig. Sie sollten die Geschicke Straßburgs und den Fortgang der Reformation über Jahrzehnte prägen. Dabei gelang es ihnen, einen eigenen Weg zwischen der Reformation in Wittenberg und Zürich zu gehen.

Als Calvin nach Straßburg kommt, sind bereits etliche reformatorische Neuerungen auf den Weg gebracht worden. Seit 1534 ist eine Kirchenordnung in Kraft. Außerdem gibt es eine Pastorenkonferenz, in der die Pfarrer zum wöchentlichen Austausch zusammenkommen und die theologischen Veröffentlichungen dieser Zeit gemeinsam verantworten.

Nur wenige Tage nach seinem Eintreffen in Straßburg wird Calvin zum Prediger und Seelsorger der dortigen Flüchtlingsgemeinde berufen. Das Elend der französischen Glaubensflüchtlinge bewegt ihn sehr. Er wird sich von jetzt an unermüdlich für die Anhänger des evangelischen Glaubens in Frankreich einsetzen. In seinem gemeindlichen Dienst hält sich Calvin an die Kirchenordnung von 1534. Sie sollte später der Genfer Kirchenordnung zum Vorbild dienen und von da aus vielen reformierten Gemeinden, nicht nur in Frankreich.

Ein besonderes Augenmerk lag auch in Straßburg auf der Einführung der Kirchenzucht. Sie sollte von der Gemeinde selbst ausgeübt werden. Zu diesem Zweck sollte das Ältestenamt nach dem Vorbild der neutestamentlichen Presbyter geschaffen werden. Aber auch in Straßburg konnte sich der Magistrat nur schwer darauf einlassen, auf die Zuständigkeit der Politik für den Lebenswandel der Menschen zu verzichten. Die als Kompromiss beschlossene Einsetzung von Kirchenpflegern in allen Kirchenbezirken war aus Sicht der Reformatoren keine zufriedenstellende Lösung.

Da die Kirchenzucht nicht zu ihrer Zufriedenheit geregelt ist, führen die Straßburger Pastoren ein Zulassungsgespräch vor dem Abendmahl ein:

Die noch [...] Unwissenden sollen besser unterrichtet werden; die, die einer besonderen Ermahnung bedürfen, sollen sie hören; schließlich soll, wer [...] durch irgendeine Unruhe seines Gewissens gequält wird, Trost empfangen. (Briefe 1, 148)

Gerade weil Calvin aufgrund seiner Unerfahrenheit in Genf gescheitert war, schätzte er den in der kirchlichen Praxis erfahrenen Martin Bucer sehr. Der Einfluss Bucers auf Calvin und damit auf die spätere Neuordnung und Gestaltung der Genfer Kirche kann nicht hoch genug eingeschätzt werden.

Einführung des Psalmengesangs

Mit der Einführung des Psalmengesangs im Gottesdienst trifft Calvin in Straßburg auf offene Ohren. Die Kirchenordnung enthielt bereits einen vollständigen deutschen Psalter, so dass für die Flüchtlingsgemeinde nur eine französische Übersetzung vonnöten war. 1539 gibt Calvin ein kleines Gesangbuch mit 18 Psalmen, den Zehn Geboten und dem Lobgesang des Simeon (Lk 2,29–32) in französischer Sprache heraus. Er selbst steuert fünf Psalmen bei, der ihm noch aus Ferrara bekannte Clément Marot bereimt 13 Psalmen. Calvin schreibt dazu: „Weil mir die deutschen Melodien besser gefielen, musste ich einmal versuchen, was ich im Dichten leisten könne." (Briefe 1, 104)

Die Straßburger Akademie

Im Jahr 1538 war Johannes Sturm aus Paris mit der Neuorganisation des Unterrichtswesens in Straßburg beauftragt worden. Damit sollte zum ersten Mal der für Humanismus und Reformation so wichtige Gedanke der allgemeinen Bildung in die Praxis umgesetzt werden. Sie sollte sich nicht auf den mündigen Umgang mit der Bibel beschränken, sondern umfassend verwirklicht werden und breite Kreise erfassen. Die Neuordnung des Unterrichtswesens erstreckte sich daher vom Elementarbereich bis zur Hohen Schule, der Akademie. Martin Bucer und Wolfgang Capito wurden als Lehrer der Theologie mit der Auslegung des Alten Testaments beauftragt, Caspar Hedio und Johannes Calvin waren für die Auslegung des Neuen Testaments zuständig. In der Exegese der biblischen Texte wendet Calvin eine Methode an, bei der es darauf ankommt, in „durchsichtiger Knappheit" (Briefe 1, 130) den Sinn eines Textes zu erschließen und den Leserinnen und Lesern den Nutzen des Textes vor Augen zu führen.

Mit der 1539 abgeschlossenen Auslegung des Römerbriefs eröffnet Calvin die lange Reihe seiner Kommentare: „Wer nämlich diesen Brief versteht, dem ist der Zugang zum Verständnis der ganzen Schrift eröffnet." (CStA 5.1, 21)

Antwort an Kardinal Sadolet

Ebenfalls in das Jahr 1539 fällt die Abfassung eines Textes, der für Calvins Kirchenverständnis und für sein Selbstverständnis größte Bedeutung hat.

Seit der Verbannung Calvins aus Genf hat sich die dortige politische und kirchliche Lage nicht zum Besseren gewendet. Die Anhänger Calvins und Farels weigern sich, deren Nachfolger in Genf anzuerkennen. Calvin und später auch Farel greifen wiederholt in den Konflikt ein, um eine drohende Spaltung des evangelischen Lagers zu verhindern. Schließlich werden weitere Anhänger Calvins, darunter sein ehemaliger Lehrer Mathurin Cordier, der mit der Neuorganisation des Unterrichtswesens in Genf betraut war, ebenfalls aus Genf verbannt. Währenddessen versuchen die Gegner Calvins, Genf noch stärker unter den Einfluss Berns zu bringen, und bekräftigen das in einem Vertrag. Das führt zu Unruhen, die an die Zeit vor der Einführung der Reformation erinnern.

Papst Paul III. (1534–1549) möchte sich diese Situation zunutze machen, um die Stadt Genf wieder unter den Einfluss Roms zu bringen. Während einer Versammlung der Bischöfe in Lyon bekommt Kardinal Jacob Sadolet den Auftrag, die Stadt Genf durch einen „Offenen Brief an Senat und Bürgerschaft von Genf" (CStA 1.2, 341) für die römische Kirche zurückzugewinnen. In diesem Brief geht es nicht um die Bereitschaft zu einer Reform der römischen Kirche und auch nicht um Verständigung. Der Kardinal umschmeichelt die Genfer und sät zugleich Zwietracht zwischen ihnen und den Reformatoren. Die Bürger Genfs werden als hilflose Opfer einer Verführung durch die als verschlagen und gottlos bezeichneten Reformatoren dargestellt, die nichts anderes als Unfrieden und einen Abfall von der Kirche im Sinn hätten.

Der Rat der Stadt Genf reagiert einigermaßen hilflos auf das geschickt abgefasste Schreiben und beauftragt nach langer Beratung einen der Genfer Pastoren mit einer kurzen Erwiderung. Bevor es dazu kommt, schaltet sich die Berner Obrigkeit ein und bittet Calvin um eine angemessene Antwort.

Calvin verfasst in der *Antwort an Kardinal Sadolet* vom 1. September 1539 eine der glänzendsten Verteidigungsschriften der Reformation. Ausgehend von der Notwendigkeit einer Erneuerung der Kirche, benennt Calvin drei Grundpfeiler, worauf die *eine* Kirche sich nach reformatorischem Verständnis stützt: Lehre, Ordnung und Sakramente. Zugleich betont er das Festhalten der Reformatoren an der Einheit der Kirche:

> Kirche [...] ist die Gemeinschaft aller Heiligen, welche, über den ganzen Erdkreis und durch alle Zeiten verstreut, [...] durch die eine Lehre Christi und den einen Geist verbunden ist und an der Einheit des Glaubens und brüderlicher Eintracht festhält und sie pflegt. Dass wir mit dieser Kirche in irgendeinem Punkt uneins wären, bestreiten wir entschieden. (CStA 1.2, 369) Dabei war es mir allerdings um jene Einheit zu tun, die von Dir [Gott] ihren Ausgang nimmt und in Dir ihr Ziel findet. (CStA 1.2, 411) Wenn ich nun mit denen, die sich zu Priestern der Kirche und Säulen des Glaubens aufwarfen, Frieden halten wollte, so hätte ich ihn mit der Absage an [Gottes] Wahrheit erkaufen müssen. (ebd.)

Die Antwort an Kardinal Sadolet findet in Genf und weit darüber hinaus ein überaus positives Echo. Die Anhänger Calvins und Farels gehen gestärkt aus der brisanten Situation hervor.

Martin Luther, den Calvin nie persönlich kennen gelernt hat, lässt ausrichten, dass er Calvins Antwort mit großem Vergnügen gelesen und ihm der Inhalt über die Maßen gefallen habe.

Teilnahme an Religionsgesprächen
Während der Straßburger Jahre Calvins verhärten sich die Fronten zwischen Protestanten und römischen Katholiken im Heiligen Römischen Reich Deutscher Nation. Mehrfach nimmt Calvin an Einigungsversuchen teil. In Frankfurt trifft er Philipp Melanchthon, zu dem sich eine Freundschaft entwickelt. Am Religionsgespräch in Worms (1540/41) und dessen Vorbereitung in Hagenau (1540) nimmt Calvin an der Seite Bucers teil. Beim wichtigsten und letzten Einigungsversuch zwischen Protestanten und römischem Katholizismus während des Reichstages zu Regensburg (1541) ist Calvin Abgesandter der Stadt Straßburg, deren Bürgerrecht er seit 1539 besitzt. Während der Religionsgespräche erhält er einen tiefen Einblick in die Kirchen der deutschen Reformation. Calvins Urteil darüber ist zurückhaltend:

Die Kirchenzucht habe nur geringe bis keine Bedeutung. Die liturgischen Formen seien zu nah am römischen Ritus. Und die starke Abhängigkeit der Kirchen von der Obrigkeit ist mit Calvins Kirchenverständnis nicht vereinbar. Auch die Einigungsbemühungen zwischen römischem Katholizismus und Protestanten sieht Calvin skeptischer als etwa Bucer und Melanchthon. Obwohl er selbst ein vermittelnder und um Verständigung bemühter Theologe gewesen ist, sah Calvin früher als andere, dass der Bruch mit Rom nicht zu überwinden sein würde.

Am Rande der Religionsgespräche bemüht sich Calvin intensiv um eine Verbesserung der Situation der Hugenotten in Frankreich. Calvins Hoffnung, dass der französische König sich als Verbündeter der protestantischen deutschen Fürsten nicht gegen die Reformierten im eigenen Land stellen würde, erfüllte sich allerdings nicht.

Die ursprünglich als Spottname verwendete Bezeichnung *Hugenotten* für die *Reformierten in Frankreich* war seit der zweiten Hälfte des 16. Jahrhunderts gebräuchlich. Sie lehnt sich möglicherweise an die Bezeichnung der Schweizer als *Eidgenossen* an. Seit der zweiten Hälfte des 19. Jahrhunderts wird der Ausdruck *Hugenotten* als Ehrenname und Selbstbezeichnung der französischen Glaubensflüchtlinge und ihrer Nachkommen verwendet, die seit der Mitte des 16. Jahrhunderts und insbesondere im ausgehenden 17. Jahrhundert Frankreich verlassen mussten und Aufnahme in verschiedenen Ländern Europas fanden, beispielsweise in den Niederlanden und in Brandenburg-Preußen.

Ehe mit Idelette de Bure

Im Blick auf eine Eheschließung war Calvin eher zögerlich. Verschiedene Versuche von Freunden und Verwandten, eine Ehe anzubahnen, schlugen fehl. Calvin schreibt an Farel:

> Ich fürchte, wenn Du [mit Deinem Kommen] bis zu meiner Hochzeit warten willst, so kommst Du zu spät. Ich habe noch keine Frau gefunden und weiß nicht, ob ich überhaupt noch weiter suchen soll. (Briefe 1, 149f)

Nachdem es wegen seiner Zugehörigkeit zu den Täufern aus Lüttich vertrieben worden war, hatte sich ein junges wallonisches Ehepaar, Jean Stordeur und Idelette de Bure, der Flüchtlingsgemeinde in Straßburg angeschlossen. Calvin hatte sie überzeugen können, sich von den Täufern loszusagen. Als Idelettes Mann im Frühjahr 1540 an der Pest stirbt, fällt – mit ein wenig Nachhilfe von Martin Bucer – das Auge des Seelsorgers Calvin auf die junge Witwe. Am 10. August 1540 heiraten Johannes Calvin und Idelette de Bure. Die Trauung vollzieht sein Freund Farel. Kurz nach der Hochzeit erkrankt Calvin an einer heftigen Grippe. Er schreibt nicht ohne Humor: „Ja, der Herr hat, damit unsere Ehe nicht gar zu fröhlich beginne, gleich von Anfang an unsere Freude gedämpft, dass sie das rechte Maß nicht überschreite." (Briefe 1, 157).

Idelette de Bure bringt zwei Kinder mit in die Ehe. Am 28. Juli 1542 kommt in Genf der gemeinsame Sohn Jacques zur Welt. Er stirbt im Alter von nicht einmal vier Wochen. Idelette de Bure hatte ebenso wie Calvin eine schwache Gesundheit, sie stirbt am 29. März 1549 in Genf. Noch auf dem Sterbebett verspricht Calvin ihr, sich um ihre Kinder zu kümmern, als seien es seine eigenen. Mehr erfahren wir über die Kinder allerdings nicht.

Calvin hat unter dem Tod seiner Frau sehr gelitten. Nur wenige Tage nach ihrem Tod drückt er seine Trauer in ergreifenden Briefen an seine Freunde aus. Er schreibt an Viret:

> Genommen ist mir die beste Lebensgefährtin. Wäre mir etwas Schlimmes widerfahren, sie hätte nicht nur willig Verbannung und Armut mit mir

geteilt, sondern auch den Tod. Solange sie lebte, war sie mir auch eine treue Helferin in meinem Amt. Von ihr ist mir nie auch nur das geringste Hindernis in den Weg gelegt worden. (Briefe 2, 464f)

Entwicklung in Genf

In Genf hatte sich seit dem Frühjahr 1540 die Ratsmehrheit zu Gunsten der Anhänger Calvins verändert. Dennoch war es in der Stadt alles andere als ruhig. Die Nachfolger Calvins und Farels hatten die Stadt verlassen müssen. Bern bestand auf Erfüllung der mit dem vormaligen Rat geschlossenen Verträge, um seinen Einfluss dauerhaft zu sichern. Insgesamt hatte ein rasanter Verfall des politischen und kirchlichen Lebens eingesetzt. Die Situation verlangte nach ordnenden und gestaltenden Personen. Da verwundert es nicht, dass der Rat der Stadt sich darum bemühte, Calvin zu einer Rückkehr zu bewegen; der ist jedoch skeptisch:

Nach Genf soll ich gehen, um es besser zu haben? Warum nicht lieber gerade ans Kreuz? Besser wäre es, einmal zu sterben, als auf einer Folter immer wieder gequält zu werden. (Briefe 1, 144)

Als der Rat der Stadt Genf im Herbst 1540 offiziell die Rückberufung Calvins beschließt, bittet er seine Freunde eindringlich um Rat. Calvin gibt noch einmal die schweren Belastungen während der Zeit in Genf zu bedenken, die schwierige Rolle Berns, seine vermeintliche Unfähigkeit, öffentlich zu wirken, und nicht zuletzt seine Berufung in Straßburg. Dann aber schreibt er:

In Rücksicht auf die Genfer Kirche möchte ich hundertmal lieber mein Leben aufs Spiel setzen als sie im Stiche lassen und verraten. (Briefe 1, 161f)

Er signalisiert dem Genfer Rat seine grundsätzliche Bereitschaft zur Rückkehr, allerdings nicht vor Beendigung der Religionsgespräche. Bei allem Abwägen bleibt es Calvin wichtig, seinen Weg Gott anzuvertrauen:

Da ich selbst aber noch ziemlich schwanke und alle andern unsicher sehe, so kann ich noch nichts bestimmtes (sic!) beschließen; es sei denn, daß ich bereit bin, in allem dem Ruf des Herrn zu folgen, sobald er mir deutlich geworden ist. (Briefe 1, 165)

Am 13. September 1541 kehrt Calvin nach Genf zurück.

Zweiter Aufenthalt in Genf (1541–1564)

Neuordnung und Gestaltung der Kirche

Genfer Kirchenordnung (1541/1561)
Eine der Bedingungen Calvins für die Rückkehr nach Genf war die Einführung einer Kirchenordnung. Die Kirche sollte sich nach Calvins Vorstellung diese Ordnung selbst geben, das war unter den gegebenen politischen Umständen jedoch nicht möglich. Ein überarbeiteter Entwurf passiert die Gremien der Stadt und tritt per Volksabstimmung am 20. November 1541 in Kraft. Kernpunkte der Kirchenordnung sind die Ämterlehre und die Kirchenzucht:

Die vier Ämter der Kirche
In Anlehnung an die Straßburger Kirchenordnung benennt Calvin vier Ämter in der Kirche: Pastoren, Doktoren (Lehrer), Älteste und Diakone. Ausgehend vom Verständnis der Gemeinde als Leib Christi, sind die vier Ämter Funktionen der Gemeinde. Das Amt der *Pastoren* hat für Calvin eine besondere Bedeutung. Der *Dienst am Wort Gottes* ist der Dienst schlechthin und umfasst Predigt, Lehre, Seelsorge, Kirchenzucht und die Verwaltung der Sakramente. Verbindlich festgelegt wird eine regelmäßige Zusammenkunft der Pastoren mit Austausch über Lehre und Lebensführung und eine Visitationsordnung.

Die Doktoren oder *Lehrer* sind für den Unterricht zuständig. Zur umfassenden Ausbildung der Kinder sollen das Unterrichtswesen ausgebaut und weitere Schulen errichtet werden.

Die *Ältesten* sollen mit den Pastoren das Konsistorium (Kirchenrat oder Presbyterium) bilden und die Gemeinde leiten. Gemeinsam mit den Pastoren sind sie für die Ausübung der Kirchenzucht zuständig.

Der Dienst der *Diakone* wird nach altkirchlichem Vorbild aufgeteilt: Die einen verwalten die Finanzen für die Bedürftigen, die anderen kümmern sich praktisch um deren Versorgung und Speisung. Das öffentliche Krankenhaus soll neben der medizinischen Betreuung für die Pflege und Versorgung Alter, Kranker und Kinder zuständig sein und entsprechend ausgestattet werden.

Die Kirchenzucht
Die Kirchenzucht ist für Calvin ein zentraler Bestandteil der Ordnung, die das Zusammenleben der Gemeinde regelt. Calvin bezeichnet sie gern als Muskeln oder Sehnen, durch die der Leib der Kirche zusammengehalten wird. Die Kirchenzucht soll ein Instrument zur seelsorglichen Konfliktlösung sein. Die Gemeinde soll sie bis zum äußersten Mittel – dem Ausschluss vom Abendmahl – in eigener Regie ausüben.

Die von Calvin erhoffte Selbständigkeit der Kirche in eigenen Angelegenheiten konnte mit der Genfer Kirchenordnung nur ansatzweise verwirklicht werden. Das Vorhaben kollidierte in Genf wie schon in Straßburg mit der Auffassung der Politik. Nach der Abkehr vom römischen Katholizismus sah sich allein die Obrigkeit für die Regelung des Zusammenlebens der Bürger verantwortlich. Darunter fielen auch die Angelegenheiten der Kirche. Die Obrigkeit wirkte mit bei der Auswahl der Kandidaten zum Pastorenamt und betrachtete die Ältesten im Konsistorium der Genfer Gemeinde in erster Linie als Delegierte des Rates.

Bis heute hält sich hartnäckig die Behauptung, Calvin habe mit der Einführung der Kirchenordnung in Genf die Errichtung einer *Theokratie* oder einer Diktatur der Kirche beabsichtigt, in der *geistliche und weltliche Zuständigkeiten vermischt* werden. Das Gegenteil ist richtig: Oberstes Ziel der Kirchenordnung war gerade die Entflechtung der Zuständigkeiten von Obrigkeit und Kirche.

Der weitere Verlauf der Geschichte Genfs zeigte, dass die Trennung von weltlichen und geistlichen Angelegenheiten auch in der Praxis schwierig war. Einerseits behielt sich Rat der Stadt das Recht zum Ausschluss vom Abendmahl vor, was einen ständigen Streitpunkt mit den Reformatoren darstellte. Andererseits nahm die Ausübung der Kirchenzucht durch das Konsistorium zum Teil kuriose bis traurige Formen an.

Genfer Katechismus (1542/1545)
Die Einführung eines Katechismus war eine weitere Bedingung für Calvins Rückkehr nach Genf. Der zweite *Genfer Katechismus* erscheint 1542 in französischer und 1545 in lateinischer Sprache. Gegenüber der ersten Fassung von 1537 hat Calvin ihn stark

erweitert und verändert. Die theologischen Inhalte werden nun leicht verständlich in Frage und Antwort vermittelt. Ausgangspunkt ist die Frage nach dem Sinn des menschlichen Lebens: Wie wir Gott erkennen und entsprechend verehren können.

Der Genfer Katechismus diente dem Heidelberger Katechismus als Vorlage und Quelle und spielte so für die Prägung und Ausbreitung reformierter Theologie eine wichtige Rolle.

Calvin widmete die lateinische Ausgabe des Genfer Katechismus den Pastoren in Ostfriesland. Mit diesem Zeichen der Verbundenheit stärkte er dem 1542–1549 in Emden als Superintendent wirkenden Johannes a Lasco in seinen Auseinandersetzungen mit Täufern, mit dem römischen Katholizismus und mit Lutheranern den Rücken. A Lasco hatte 1544 den Coetus zunächst aller – reformierter und lutherischer – Prediger in Ostfriesland gegründet, gegen erhebliche Widerstände die Kirchenzucht eingeführt und war der Verfasser des Emder Katechismus (1546/1554).

Gottesdienstordnung und Psalmengesang

An der Gottesdienstordnung für die Genfer Kirche (1542/61) zeigt sich beispielhaft, wie Calvin es versteht, bereits Bestehendes aufzunehmen, zu verarbeiten und mit eigenen Texten zu etwas Neuem zu verbinden. Mit der *Predigt* im Zentrum folgt der Ablauf des Gottesdienstes dem mittelalterlichen *Prädikanten*gottesdienst. Ein großer Teil der Gebete ist der Straßburger Liturgie entnommen, das Trauformular stammt von Wilhelm Farel, Tauf- und Abendmahlsformular verfasst Calvin selbst.

Die Einführung des Psalmengesangs als „öffentliche Gebete“ (CStA 2, 153) im Gottesdienst hat für Calvin große Bedeutung:

Es geht darum, Lieder zu haben, die nicht nur anständig, sondern auch heilig sind; sie sollen für uns ein Ansporn sein, der uns zu Gebet und Gotteslob antreibt, zum Nachdenken über seine Werke, damit wir ihn lieben, fürchten, ehren und verherrlichen […]. Darum mögen wir suchen, wo immer wir wollen: wir werden keine besseren Lieder finden als die Psalmen Davids […]. Wenn wir sie singen, so sind wir sicher, daß Gott uns die Worte in den Mund legt, so als ob er selbst in uns sänge, um seine Ehre zu erhöhen. (CStA 2, 159)

In der Genfer Gottesdienstordnung sind 25 Reimpsalmen enthalten, davon einige in der Bereimung Calvins, die anderen stammen, wie schon im Straßburger Psalmbüchlein, von Clément Marot. In einer wenig später erscheinenden Ausgabe sind nur noch Texte Marots enthalten. 1551 erscheint eine um Bereimungen von Theodor Beza erweiterte Ausgabe mit 83 Psalmen. Der Genfer Psalter (1562) enthält dann alle 150 Psalmen. Die Melodien stammen von Guillaume Franc, Loys Bourgeois, Pierre Davantès und Matthäus Greiter (Straßburg). Die Reimpsalmen sollten den Hugenotten während der Verfolgungen in Frankreich zu einer unentbehrlichen Kraftquelle werden. Bis heute ist der Psalmengesang ein Kennzeichen reformierter Frömmigkeit.

Gottesdienst und Predigt

Calvin hatte an jedem Sonntag zwei und alle zwei Wochen werktags einen Gottesdienst zu halten. Im Sommer begann der Gottesdienst um 6.00 Uhr morgens, im Winterhalbjahr eine Stunde später. Der Gottesdienst am Sonntagnachmittag fand um 15.00 Uhr statt. Sonntags predigte Calvin über Texte aus dem Neuen Testament und aus den Psalmen, an Werktagen legte er alttestamentliche Texte aus. Dass er an Sonntagen auch über die Psalmen predigt, unterstreicht Calvins Hochschätzung der Psalmen, in denen „die beste und zuverlässigste Anweisung zur Anrufung Gottes gegeben“ ist, und „nichts zur Erkenntnis des ewigen Heils fehlt.“ (PsKomm, 5)

Calvin versteht sich in der Verkündigung als Lehrer der Gemeinde und verzichtet weitgehend auf Ausschmückung seiner Predigten. Damit grenzt er sich gegen die landläufige vorreformatorische Predigtpraxis ab:

> Was für Predigten hörte man denn damals in Europa? […] Wo gab's überhaupt eine, aus der die alten Mütterchen nicht mehr Unsinn heimbrachten, als sie in einem ganzen Monat hinter ihrem Ofen aushecken konnten? Denn ungefähr so waren die Predigten doch eingeteilt: zur Hälfte galten sie jenen dunklen Schulfragen, die das ungelehrte Volk kopfscheu machten, zum anderen Teil brachten sie hübsche Fabeln […], durch die man das Volk erheitern wollte. Nur ganz wenige schwache Töne waren dazwischen aus Gottes Wort eingestreut. (CStA 1.2, 373ff)

Nach Calvins Verständnis kommt in der Predigt Gott selbst zu Wort. Dass die Predigt die Hörerinnen und Hörer so berührt, dass das gepredigte Wort sie erreicht und ihr Leben erneuert, liegt allerdings nicht in der Hand des Predigers, sondern ist Sache des Heiligen Geistes.

Calvin pflegte die *lectio continua*, die *Reihenpredigt* biblischer Bücher. Es heißt, er habe bei seiner Rückkehr nach Genf 1541 nahtlos dort weitergepredigt, wo seine Predigt am Ostersonntag 1538 geendet hatte. Calvins Predigten waren mit einer Länge von etwa 45 Minuten verhältnismäßig kurz. In der Reformationszeit waren Predigten von eineinhalb Stunden Dauer keine Seltenheit. Calvins Predigten wurden seit 1549 mitgeschrieben. Von den schätzungsweise 4000 Predigten, die er in Genf gehalten hat, ist ungefähr ein Drittel erhalten.

Krise

Mit der Einführung der Kirchenordnung, des Katechismus und der Gottesdienstordnung waren die grundlegenden Schritte zur Erneuerung der Kirche in Genf getan. In den folgenden Jahren mussten sich die Neuordnung der Kirche und die theologische Lehre, auf die sie sich gründete, bewähren. Dabei kam es zu teilweise heftigen Auseinandersetzungen.

Theologische Auseinandersetzungen

Seit 1543 trägt Calvin theologische Kontroversen in zugespitzter Form aus. Dabei scheut er keine Polemik, Ironie oder bissigen Spott. Wichtige Streitschriften in diesen Jahren betreffen die Täufer, den römischen Reliquienkult, eine Schrift der Sorbonne und das Trienter Konzil (1545–1563), das sich mit der Reform der römischen Kirche befasst. Aber auch Menschen, die ihre reformierte Gesinnung nicht offen bekennen und dem Schein nach als treue römische Katholiken leben. Diese Haltung findet sich in der Mitte des 16. Jahrhunderts, vor dem Hintergrund römisch-katholischer Reformbestrebungen, nicht selten. Calvin fordert die sogenannten Nikodemiten auf, in evangelische Länder zu ziehen. Es ist nicht unwahrscheinlich, dass diese Aufforderung den Zustrom reformierter Glaubensflüchtlinge nach Genf verstärkt hat.

Der Briefwechsel dieser Jahre zeigt Calvin als genauen Beobachter der deutschen Reformation und sein feines Gespür für politische und kirchliche Zusammenhänge. Als die protestantischen Fürsten im Schmalkaldischen Krieg 1546 eine bittere Niederlage hinnehmen müssen und Calvin die Verfügungen Kaiser

Karls V. gegen die unterlegenen Protestanten als Einziger offen kritisiert, wird ihm dieser Einsatz nicht gedankt: Sein Schreiben wird von lutherischer Seite verändert und gegen ihn gewendet, Calvins Sakramentsverständnis als Ketzerei bezeichnet. Der sich hier abzeichnende Riss innerhalb des evangelischen Lagers war für Calvin nur schwer erträglich.

Gleichzeitig führt die politische Situation dieser Jahre zu einer Annäherung an Heinrich Bullinger, Zwinglis Nachfolger in Zürich. Der *Consensus Tigurinus*, die *Zürcher Übereinkunft* von 1549, bedeutet die mühsam errungene Einigung in der Abendmahlslehre zwischen Genf und Zürich. Der Hamburger Joachim Westphal nimmt sie zum Anlass, den seit 1529 ruhenden Abendmahlsstreit zwischen Reformierten und Lutheranern erneut anzufachen. Erst in der Leuenberger Konkordie von 1973 haben sich reformierte, lutherische und unierte Kirchen auf eine umfassende Kanzel- und Abendmahlsgemeinschaft verständigt.

Auseinandersetzungen in Genf

Auch in Genf entwickelt sich die Situation nicht so, wie von Calvin erhofft. Die Zuständigkeit des Konsistoriums, über den Lebenswandel der Menschen zu wachen und zu urteilen, und der ihm eigene, beinahe inquisitorische Geist werden zunehmend in Frage gestellt. Das hat seinen Grund in dem nach wie vor ungeklärten Verhältnis kirchlicher und politischer Zuständigkeit in Fragen des Lebenswandels. Dass Calvin darauf besteht, die Kirchenzucht ohne Ansehen der Person zu üben, nimmt man ihm zusätzlich übel. So bildet sich gegen Calvin und seine Anhänger eine starke Opposition aus eingesessenen Genfer Familien. Vor seinem Haus werden Spottgesänge auf Psalmenmelodien angestimmt. Und Calvin ist noch immer kein Bürger der Stadt Genf. Er wird als Zugezogener abgelehnt, als einer, der mit denen gemeinsame Sache macht, die in großer Zahl nach Genf strömen, weil die Verfolgungen in Frankreich kein Ende nehmen. Darunter sind viele gebildete und gut ausgebildete Menschen, auf die ein Gemeinwesen auf Dauer nicht verzichten kann. In dieser Situation sucht die Mehrheit im Rat eine engere Bindung an Bern. Die starke Abhängigkeit der Berner Kirche vom Staat ist dem Rat in Genf Vorbild und Vorwand zugleich, um sich in Angelegenheiten der Genfer Kirche einmischen zu können.

Zu allem Überfluss ist Calvin in dieser Zeit mehrfach in Streit über theologische Fragen und – auf unterschiedlichen Seiten – in Verfahren gegen Ketzer verwickelt.

Sebastian Castellio, ein gebildeter Humanist, Calvin gut bekannt und seit 1541 Rektor der Lateinschule in Genf, möchte als Pastor in den Dienst der Genfer Kirche eintreten. Diesen Wunsch lehnt Calvin aus theologischen Gründen ab. Nach einem ersten Einlenken greift Castellio Calvin offen an. Er bekommt vom Rat Redeverbot erteilt, muss die Stadt verlassen und geht als Professor nach Basel. Als Calvin Jahre später seine Haltung im Ketzerprozess gegen Michael Servet verteidigt, veröffentlicht Castellio eine Sammlung von Texten gegen die Anwendung der Todesstrafe bei Ketzerei. Castellio gilt seither als ein Wegbereiter der Meinungs- und Glaubensfreiheit.

Jérôme Bolsec, ein ehemaliger Mönch, Glaubensflüchtling aus Frankreich und Arzt in der Nähe von Genf, ist ein Anhänger Calvins. Aber die Lehre von der doppelten Prädestination hält er für falsch. Er spricht sich offen dagegen aus und bezichtigt wenig später alle Pastoren der Lüge. Bolsec wird 1551 der Prozess gemacht, er muss Genf verlassen und kehrt nach Frankreich in die römische Kirche zurück. 1557 rächt er sich an Calvin und schreibt eine entsetzliche Biografie.

Fünf reformierte Theologen werden am 1. April 1552 in Lyon verhaftet und nach mehr als einjähriger Haft als Ketzer zum Tode verurteilt. Sie waren in Genf und Lausanne ausgebildet worden und befanden sich auf dem Weg in ihre Gemeinden, als sie verraten wurden. Während ihrer Gefangenschaft steht Calvin in Briefkontakt mit ihnen und setzt sich, letztlich vergeblich, sehr für sie ein. Am Ende des letzten Briefes, in dem er ihnen den Ausgang ihres Verfahrens mitteilt, schreibt er:

> Liebe Brüder, ich […] bitte den lieben Gott, Euch in seiner Hut zu halten, Euch mehr und mehr zu stärken in seiner Macht, Euch spüren zu lassen, wie er für Euer Wohl sorgt, und in Euch die Gaben seines Geistes zu mehren, damit sie zu seinem Ruhme dienen bis ans Ende […]. Nochmals bitte ich den lieben Gott, seine Hand über Euch auszurecken zu Eurer Erhaltung. (Briefe 2, 638)

Am 16. Mai 1553 werden die fünf jungen Theologen in Lyon verbrannt.

Michael Servet stammt aus Spanien. 1531 streitet er mit den Straßburger Reformatoren darüber, ob Jesus wahrer Gott sei oder nicht. Er verfasst eine Schrift gegen die Dreieinigkeit Gottes, deren Veröffentlichung untersagt wird. Daraufhin geht Servet zum Medizinstudium nach Paris und wird anschließend Arzt in Vienne. Um 1540 entdeckt er den kleinen Blutkreislauf durch die Lunge und pflegt weiterhin seine theologischen Interessen. Er schreibt in Anspielung auf Calvins Institutio die *Restitutio Christianismi*, in der er die *Wiederherstellung der christlichen Lehre* fordert, die zuerst die Kirchenväter, dann die römische Kirche und zuletzt die Reformatoren verfälscht hätten. Auch darin wendet sich Servet gegen die Dreieinigkeit Gottes. Als Servet das Buch zum Druck bringt, verlangt der misstrauisch gewordene Drucker ein Gutachten Calvins. Dieser weist auf die theologischen Irrtümer hin – und empfiehlt die Lektüre der Institutio! Daraufhin sendet Servet ein Exemplar der Institutio mit üblen Randbemerkungen an Calvin. Es entspinnt sich ein langer, unschöner Briefwechsel. Schließlich gelingt es Servet 1553, das Buch zu veröffentlichen, und seine Irrlehre wird zum Gesprächsthema. Sein Aufenthaltsort in Vienne wird ausfindig gemacht, und er wird verhaftet. Die Anklagebehörde beschuldigt Servet der Ketzerei. Ihm droht, falls er nicht widerruft, die Todesstrafe. Um Anklage zu erheben, werden Beweisstücke aus dem Briefwechsel Servets mit Calvin benötigt. Dieser händigt die Schriftstücke nach anfänglichem Zögern aus, wohl wissend, wofür sie verwendet werden. Servet kann jedoch fliehen. Er wird in Abwesenheit zum Tod durch Verbrennen verurteilt. Auf seiner Flucht nach Italien nimmt er den Weg über Genf. Dort wird er im August 1553 festgenommen und der Ketzerei und Gotteslästerung beschuldigt. Aufgrund der schwerwiegenden Vorwürfe werden mit Einwilligung des Gefangenen Gutachten aller protestantischen Kantone angefordert. Hatte Servet sich ausgerechnet, die gegen Calvin gerichtete Stimmung in Genf ausnutzen und dessen Platz einnehmen zu können? Noch aus dem Gefängnis fordert er, dass Calvin aus der Stadt gewiesen und er, Servet, mit dem Besitz Calvins entschädigt werden müsse.

Die Gegner Calvins hatten zwar 1553 ihre Mehrheit im Rat behauptet und setzten ihre Willkür gegen Flüchtlinge und Pastoren fort, aber der Rat ergreift, wie schon gegen Bolsec, mehrheitlich Partei gegen Servet. Noch vor dem Eintreffen der Gutachten wird Anklage erhoben. Ein Auslieferungsgesuch der Inquisition in Vienne lehnt Genf ab. Es ist in der Lage, selbst zu urteilen. Das Gutachten der protestantischen Kantone ist einmütig: Verurteilung des Ketzers zum Tod durch Verbrennen. Daraufhin wird Servet am 26. Oktober 1553 durch den Kleinen Rat zum Feuertod verurteilt. Vergeblich setzt sich Calvin für eine mildere Todesart ein. Michael Servet wird am 27. Oktober 1553 in Genf öffentlich verbrannt.

Auch wenn es ein im 16. Jahrhundert und im Rahmen des damals geltenden Rechts übliches Verfahren war – der Tod Michael Servets ist ein dunkler Punkt in der Geschichte Genfs, Calvins und der Reformation. In einer „aus heutiger Sicht tragische[n] Selbstverständlichkeit" (vgl. CStA 1.1, 111) teilt Calvin die Überzeugung seiner Zeit, dass „staatliche Gewalt nötigenfalls auch gegen Ketzer [...] und damit in kirchlichen Angelegenheiten anzuwenden sei." (ebd.)

Am Ort der Verbrennung steht heute in Genf ein Denkmal. Es wurde anlässlich des 350. Todestages Michael Servets am 27. Oktober 1903 seiner Bestimmung übergeben. Die Inschrift benennt Calvins Haltung als „Irrtum seines Jahrhunderts" und stellt die „Freiheit des Gewissens entsprechend den wahren Grundsätzen der Reformation und des Evangeliums" fest.

Festigung

Als in Genf bekannt wird, dass Bürgermeister Perrin und andere versucht hatten, sich während des Servet-Prozesses auf die Seite des Angeklagten zu schlagen, erringen die Anhänger Calvins bei den Wahlen 1554 einen überwältigenden Sieg. Sie stellen drei der vier Bürgermeister im Kleinen Rat und haben ab 1555 auch die Mehrheit im Großen Rat. Nach einem Tumult während einer Ratssitzung fliehen die Köpfe der Opposition nach Bern. Der Vorfall stärkt die Anhänger Calvins weiter. Möglicherweise spielen dafür auch wirtschaftliche Gründe eine Rolle: Der Zustrom von Glaubensflüchtlingen aus Frankreich wurde in den Jahren ab 1555 stärker. Gegen eine hohe Gebühr konnte das Bürgerrecht und damit das Wahlrecht erworben werden. Die Mehrheitsverhältnisse in wichtigen Gremien veränderten sich daraufhin zu Gunsten der Anhänger Calvins.

Nach der Niederlage der Libertiner kehrt in Genf relative Ruhe ein. Damit kann sich Calvin in den letzten Jahren seines Lebens der Festigung seines Reformwerkes widmen. In diese Zeit fällt die Einführung zahlreicher Verbesserungen in der Diakonie und zum Schutz der Kinder. Auch der Ausbau des Schulwesens in Genf wird vom Rat vorangetrieben.

Die Akademie

Nach der Flucht der Opposition sind die Beziehungen Genfs zu Bern gespannt. Im Bernischen Hoheitsgebiet darf das Abendmahl nicht nach calvinischer Ordnung gefeiert werden, und den Professoren in Lausanne wird der Gebrauch der Institutio untersagt. Die unterschiedlichen Auffassungen gipfeln in einem Streit zwischen der Berner Obrigkeit und den calvinischen Pfarrern im Waadtland über die Kirchenzucht. Der Konflikt endet mit der Vertreibung von 40 Pfarrern aus der Waadt, die einen Zustrom von Theologen nach Genf zur Folge hat. Darunter sind Theodor Beza, Petrus Viret und Mathurin Cordier. Sie bilden den Lehrkörper der neuen Genfer Akademie, die am 5. Juni 1559 feierlich eröffnet wird.

Zweck der Akademie ist die Ausbildung des theologischen Nachwuchses. Ihr Vorbild ist die von Johannes Sturm gegründete Akademie in Straßburg. Die Genfer Akademie wurde ihrerseits zum Vorbild für Akademien, die im 16. und 17. Jahrhundert in Europa gegründet wurden. Beispiele dafür in Deutschland sind die Hohen Schulen in Herborn (1584–1817), Burgsteinfurt (1588/91–1811) und Lingen (1697–1820).

Das Unterrichtssystem in der Akademie war zweigliedrig. In der ersten Stufe ging es um die allgemeine Bildung in Lesen, Schreiben, Sprachen, Philosophie und Literatur. In der zweiten Stufe, im Studium, wurden die Bücher des Alten und Neuen Testaments ausgelegt. Hier unterrichtete auch Calvin. Er hielt seine Vorlesungen in der Regel frei. Sie wurden von Schreibern aufgezeichnet. Aus diesen Mitschriften entstand das umfangreiche Kommentarwerk Calvins, die Auslegung fast aller biblischen Bücher.

Erster Leiter der Akademie war Theodor Beza. Unter seiner Leitung wurde sie in den Folgejahren zur Universität ausgebaut mit Lehrstühlen in Theologie, Rechtswissenschaften, Philosophie und Medizin. Die Genfer Akademie hat viele bedeutende Schüler hervorgebracht. Darunter waren Guy de Brès, der Reformator Belgiens, Caspar Olevian, der an der Abfassung des Heidelberger Katechismus beteiligt war, und John Knox, der Reformator Schottlands. Damit erfüllte sich ein sprichwörtlich gewordener Satz Calvins an die reformierten Gemeinden in aller Welt: Schickt uns Holz, und wir senden Euch Pfeile!

Die letzte Ausgabe der Institutio (1559)
Im Jahr der Eröffnung der Genfer Akademie erscheint die letzte Ausgabe der *Institutio*. Aus dem 1536 erschienenen Unterrichtsbuch ist nach mehrfacher Überarbeitung ein umfangreiches theologisches Lehrbuch geworden. Die Gliederung folgt dem Aufbau des Apostolischen Glaubensbekenntnisses – mit einer Besonderheit: In einem umfangreichen vierten Teil richtet Calvin seine Aufmerksamkeit wie durch ein Brennglas auf die Kirche, auf die Obrigkeit und deren Verhältnis zueinander. Auch in der Institutio bleibt Calvin in erster Linie ein Theologe der Kirche und Gemeinde.

Eingeflossen in diese letzte große Abrundung seiner Theologie sind Calvins Erkenntnisse aus seiner Auslegung der Bibel, die Würdigung der Kirchenväter und die Auseinandersetzung mit Rom und den Täufern. Durch zahlreiche Verweise auf Bibelstellen wird deutlich: Calvin macht das in der Bibel bezeugte Wort Gottes zur Grundlage seines Denkens. Damit tut er in der Institutio nichts anderes als das, was er in seinen Predigten und Vorlesungen, als Seelsorger und in seinen Briefen getan hat: Er ist ein Ausleger der Bibel. Trotz ihres lehrhaften Charakters bleibt die Institutio unverkennbar ein erbauendes Buch. Sie macht die Leserinnen und Leser mit den Inhalten des christlichen Glaubens vertraut und leitet sie zur Verehrung Gottes an.

Der Mensch Calvin

Johannes Calvin hat zeitlebens wenig Aufhebens um seine Person gemacht. Er war bekannt für seinen klaren Verstand und ein ausgezeichnetes Gedächtnis. Seine Selbstdisziplin und sein

Pflichtbewusstsein nötigten hohen Respekt ab. Die Fülle seiner Veröffentlichungen zeigt seine enorme Schaffenskraft.

Auf der anderen Seite war Calvin nicht nur streng gegen sich selbst, sondern konnte auch unerbittlich gegenüber anderen sein. Seine Ungeduld hat er Martin Bucer gegenüber einmal als größte Schwäche bezeichnet. Calvins Reizbarkeit und sein Jähzorn waren gefürchtet, seine Bissigkeit und seine Ironie ließen ihn stolz erscheinen, obwohl er von sich selbst sagte, dass er ängstlich und menschenscheu sei. Wenn wir Calvin heute begegnen würden, wäre er uns wahrscheinlich nicht oder nicht auf Anhieb sympathisch. Aber das ist nur die eine Seite dieses Menschen.

In seinen Briefen, von denen leider nur ein Teil erhalten ist, begegnet kein anderer Calvin. Aber sie zeigen einen Zug seiner Persönlichkeit, der ebenso wichtig ist: In seiner Korrespondenz mit Freundinnen und Freunden, Kollegen, Gegnern, zum Tode Verurteilten und trauernden Eltern tritt uns ein einfühlsamer, lebenskluger und hellwacher Zeitgenosse und Seelsorger entgegen. Diesen Calvin gilt es noch mehr zu entdecken.

Auf ein Familienleben hat er nach dem frühen Tod seiner Frau und des einzigen Sohnes verzichtet. Seine Freundschaften hat er ein Leben lang gepflegt.

Seine schwache Gesundheit hat ihm zeitlebens zu schaffen gemacht. Möglicherweise liegt hier eine Ursache mancher Charakterzüge, die ihn oft allzu hart erscheinen lassen. Calvin selbst schreibt häufig von Kopf- und Magenschmerzen, von Verdauungsbeschwerden, Grippe und Fieber. Gegen Ende seines Lebens machen ihm Nierenkoliken und Blasensteine zu schaffen, und er erkrankt an Tuberkulose. In den letzten Jahren ist sein Körper ausgezehrt, und engste Freunde können ihn fast nicht wiedererkennen. Bis kurz vor seinem Tod hält er Vorlesungen und predigt. Zuletzt muss er in den Hörsaal und in die Kirche getragen werden.

Abschied und Tod

Am 27. April 1564 nimmt Calvin in seinem Krankenzimmer Abschied von den Mitgliedern des Kleinen Rates, einen Tag später von seinen Kollegen:

Faßt Mut und bleibt stark, denn Gott wird sich dieser Kirche bedienen und sie am Leben erhalten, und ich versichere Euch, daß Gott sie bewahren wird. Ich habe viele Schwächen gehabt, die Ihr ertragen mußtet, und selbst all das, was ich getan habe, ist im Grunde nichts wert [...]. Ich kann allerdings wohl von mir sagen, daß ich das Gute gewollt habe, daß mir meine Fehler immer missfallen haben und Gottesfurcht in meinem Herzen Wurzeln geschlagen hat. [...] Darum bitte ich Euch, daß Ihr mir das Schlechte verzeiht. Wenn es aber auch etwas Gutes gegeben hat, so richtet Euch danach und befolgt es! (CStA 2, 299)

Nachdem ihn sein alter Freund Farel noch ein letztes Mal besucht hat, stirbt Calvin friedlich am Abend des 27. Mai 1564. Am kommenden Tag wird er auf dem Friedhof im Genfer Stadtteil Plainpalais beerdigt. Auf Calvins ausdrücklichen Wunsch weist bis zum heutigen Tag kein Stein auf sein Grab hin.

Werk

Calvins umfangreiches Werk umfasst Predigten, Kommentare, Lehr- und Unterrichtsbücher, Kirchen- und Gottesdienstordnungen, Bekenntnisschriften, Streitschriften und Briefe.

Viele seiner Schriften enthalten sorgfältig formulierte Gebete. Außer seinen theologischen Schriften hat Calvin verschiedene juristische Schriften und Gutachten verfasst.

Als theologischer Lehrer, Prediger, Seelsorger und Kirchenpolitiker bleibt Calvin immer ein Ausleger der Bibel. Er macht das in der Bibel bezeugte Wort Gottes zur Grundlage seines Denkens.

Wie allen Reformatoren geht es Calvin darum, „das alte Gesicht der Kirche endlich wieder herzustellen." (CStA 1.2, 369) Als Reformator der zweiten Generation nimmt er vorhandene Schriften, beispielsweise von Martin Luther und Martin Bucer, auf, verbindet sie mit eigenen Überlegungen und formt sie zu etwas Neuem.

Ein besonderes Merkmal der Theologie Calvins ist sein vom Hebräerbrief geprägtes, in jüdischer Exegese geschultes Denken: In immer neuen Anläufen kreist er den Gegenstand seiner Überlegungen ein, erfasst und entfaltet ihn in unterschiedlichen Zusammenhängen. Dabei denkt Calvin in Begriffen, die zueinander in Beziehung stehen: Gottes- und Selbsterkenntnis, Schöpfung und Vorsehung, Rechtfertigung und Heiligung, Lehre und Ordnung.

Auch Calvins Theologie ist nicht frei von Brüchen und Widersprüchen. Wie alle Theologie ist sie ein menschlicher und damit begrenzter Versuch, von Gott zu reden.

Die letzte Ausgabe der *Institutio Christianae religionis (1559)* ist die Abrundung des theologischen Werkes Calvins. Als theologisches Lehrbuch richtet sie sich an Leserinnen und Leser, die in Fragen der Theologie und des Glaubens fortgeschritten sind.

Die folgende Darstellung der Theologie Calvins stützt sich im Wesentlichen auf Calvins *Vorrede zur französischen Bibel (1535)* in der Übersetzung seines Vetters Robert Olivétan.

Robert Olivétan stammte wie Johannes Calvin aus Noyon. Zusammen mit Calvin studierte er zunächst in Paris. Während des Studiums der Rechte in Orleans und später bei Martin Bucer in Straßburg erlernte er die alten Sprachen. Gemeinsam mit Wilhelm Farel nahm Olivétan an der Synode der *Waldenser* in Chanforan (1532) teil. Dort beschlossen die *evangelisch Gesinnten in Italien* den Anschluss an die Reformation in der französischen Schweiz und die Übersetzung der Bibel ins Französische. Olivétan wurde mit der Übersetzung beauftragt, die 1535 erschien. Die Übersetzung des Alten Testaments stammt von ihm. Für die Übersetzung des Neuen Testaments diente eine Übersetzung von Faber Stapulensis als Vorlage. Die Olivétan-Bibel wurde überarbeitet und 1562 auch in Genf eingeführt. Bis zum Ende des 19. Jahrhunderts diente sie als Grundlage für weitere französische Übersetzungen der Bibel.

Die Vorrede zur französischen Bibel (1535)

Die erste gedruckte reformatorische Schrift Calvins gehört zu seinen schönsten. Sie enthält fast alle Themen seiner Theologie, die er in späteren Veröffentlichungen entfaltet. Der leicht lesbare Text zeigt Calvin von einer eher unbekannten Seite: Nicht als strengen Gesprächspartner und Theologen, sondern als frommen Nachfolger Christi, der die Leserinnen und Leser der Bibel ermutigt, in Not und Verfolgung auszuhalten und Gottes Zukunft zuversichtlich entgegenzusehen.

Die Vorrede unterstreicht ein Hauptanliegen der Reformation, „daß es keinem Christen verwehrt oder verboten sei, frei in seiner eigenen Sprache dieses Evangelium zu lesen, zu erörtern und zu verstehen." (CStA 1.1, 57) Das in der Bibel bezeugte Evangelium soll allen Menschen, unabhängig von Bildung, Herkunft oder Geschlecht, zugänglich sein:

> Mann und Frau, klein und groß, Diener oder Herr, Lehrer oder Schüler, Kleriker oder Laie, Jude oder Grieche (Gal 3,28), […] des Französischen oder […] des Lateinischen kundig, keiner wird davon ausgeschlossen, der […] Jesus Christus als den, welcher vom Vater gesandt ist, anerkennt. (CStA 1.1, 49)

Heilsgeschichte

Calvin entfaltet seine Theologie im Rahmen der Heilsgeschichte Gottes mit den Menschen:

Der Mensch wird als Meisterwerk der Schöpfung zum Bild Gottes erschaffen (Gen 1,27), aber er verfehlt seine Bestimmung. Statt die Ursache und das Ziel seines Lebens bei Gott zu suchen, will der Mensch „etwas aus sich selbst sein" (CStA 1.1, 35): Im theologisch so genannten „Sündenfall" verscherzt er sich die von Gott gegebenen Lebens- und Entfaltungsmöglichkeiten. An diesem Menschen hat Gott keine Freude mehr; er bereut es, ihn geschaffen zu haben (Gen 6,6). Der Mensch seinerseits pflanzt sich fort und vererbt die Abkehr von Gott an seine Nachkommen.

Gott erträgt die Situation zunächst mit Liebe und Geduld. Er hofft, dass die Menschen sich ihm wieder zuwenden. Er gibt ihnen zahlreiche „Hinweise, […] ihn zu suchen, zu ertasten und zu finden, um ihn zu erkennen und gebührend zu ehren." (CStA 1.1, 37) Er hinterlässt Spuren seiner Macht, Weisheit und Güte in der Schöpfung: „Die Vögel besangen Gott, die Tiere riefen ihn an, die Elemente zitterten vor ihm, die Flüsse und Quellen warfen ihm zärtliche Blicke zu, die Gräser und Blumen lächelten ihn an." (ebd.) Um noch deutlicher zu machen, wozu er imstande ist, erwählt Gott aus allen Völkern der Erde sein Volk Israel. Er befreit die Israeliten aus Ägypten und begleitet sie auf ihrer Flucht „Tag und Nacht, […] wie ein Flüchtling in ihrer Mitte." (CStA 1.1, 39) Er führt sie durch die Wüste ins gelobte Land und damit in die verheißene Zukunft. Er schließt einen Bund mit ihnen (Gen 17,7): Er ist ihr Gott, und sie sollen sein Volk sein (Ex 19,5f u.ö.). Dieser Bund ist bestätigt und besiegelt durch die Übergabe der Gesetzestafeln an Mose (Ex 24,12; 31,18).

Aber es gelingt es dem Volk Israel nicht, mithilfe der Gebote und im Hören auf die Propheten bei Gott zu bleiben. Und diejenigen, die nichts von Gott wissen, lassen sich auch durch die wunderbaren Werke der Schöpfung nicht für Gott gewinnen. Sie schaffen sich stattdessen ihre eigenen Götter, an die sie sich halten. So bleibt nach Calvin nur eine Möglichkeit: „Um […] die Menschen, Juden wie Heiden, Gott nahe zu bringen, war es nötig einen neuen Bund zu schaffen, fest, sicher und unverletzlich." (CStA 1.1, 41)

Diesen neuen Bund zwischen Gott und den Menschen vermittelt allein Jesus Christus.

Eng am biblischen Text zeigt Calvin, dass die Verheißungen des Alten Testaments an Abraham, Isaak und Jakob bis hin zu Mose und den Propheten auf das Kommen Jesu Christi zielten. Auch die Gebote hätten die Funktion, „wie ein Erzieher" (CStA 1.1, 43) auf Christus hinzuweisen. Letztlich dienten alle Verheißungen des Alten Testaments dazu, die „Kinder und Erwählten Gottes" (ebd.) Ruhe und Trost finden zu lassen, Israel unter den Völkern hervorzuheben und ihm „einen kleinen Vorgeschmack der großen Wunder zu geben" (ebd.), die alle Völker durch Jesus Christus erfahren sollten. Auch an zahlreichen Texten des Neuen Testaments zeigt Calvin, dass kein anderer als Jesus Christus kommen sollte und erwartet wurde: „Unser alleiniger Heiland, in welchem ganz allein unsere Erlösung, Friede, Gerechtigkeit, Heiligung, Heil und Leben ruhen." (CStA 1.1, 45)

Auf diesem Hintergrund setzt Calvin die besonderen Akzente seiner Theologie.

Der Bund Gottes mit den Menschen

Calvin versteht die Heilsgeschichte Gottes mit den Menschen als *Bundesgeschichte*. In den Anfängen seiner Theologie unterscheidet er deutlich zwischen altem und neuem Bund.

Im alten Bund hat Gott „ausdrücklich der Gott Israels genannt werden wollen, und dieses sollte sein Volk sein, unter der Bedingung, dass sie nie einen anderen als ihn anerkennten." (CStA 1.1, 39) Doch Calvin ist der Ansicht, den Juden sei es nicht gelungen, diese Bedingung zu erfüllen. Sie hätten Gott „die Treue gebrochen, leichthin sich von ihm abgewandt, sein Gesetz [...] verletzt und verachtet." (CStA 1.1, 39)

Unter diesem Blickwinkel betrachtet Calvin das Alte Testament als „in sich schwach und unvollendet [...] und deswegen abgeschafft und aufgehoben." (CStA 1.1, 45) Hinzu kommt, dass auch Menschen, die Gott nicht kennen, sich nicht für ihn gewinnen lassen. Obwohl sie Gottes Wunder in der Schöpfung bestaunen, schaffen sie sich eigene Götter und wenden sich von Gott ab.

Um alle Menschen Gott nahe zu bringen, hat Gott schließlich einen neuen Bund geschlossen. „Um ihn einzurichten und zu bestätigen, war ein Mittler nötig, der [...] sich zwischen die beiden Parteien stellte, um sie zu versöhnen [...]. Es war unser Herr und Heiland Jesus Christus." (CStA 1.1, 41)

Die scharfe Abgrenzung zwischen Altem und Neuem Testament ist in späteren Veröffentlichungen Calvins einer anderen Sicht gewichen. Im *Kommentar zum Propheten Jeremia (1563)* wird der alte Bund ausdrücklich gewürdigt:

> Was nun den neuen Bund anlangt, so wird er nicht deshalb neu genannt, weil er anders beschaffen sei als der erste; denn Gott [...], der einmal den Bund mit dem erwählten Volk geschlossen, hat seinen Plan nicht geändert, als hätte er sein erstes Versprechen vergessen. Der erste Bund war unverletzlich. [...] Gott hatte mit Abraham seinen Bund geschlossen, und das Gesetz war [...] die Bestätigung dieses Bundes [...]. Es ist ein ewiger Bund, den Gott am Anfang schloß. (JerKomm, 469)

Bis heute singen reformierte Christinnen und Christen:

> Er will stets seines Bunds gedenken,
> nie wird er seine Treue kränken.
> An tausend nach uns immerfort
> erfüllt er sein Verheißungswort.
> Der Bund, der Abrams Hoffnung war,
> steht jetzt noch da unwandelbar.
> (Evangelisches Gesangbuch, Psalm 105,4)

Da Gott den neuen Bund geschlossen hat, um zu bestätigen, zu erneuern und zu erfüllen, was im alten Bund zugesagt war, kann Calvin zugespitzt sagen, dass „Gott im Evangelium nichts vorbringt, was das Gesetz nicht auch enthält." (JerKomm, 469)

Aber was genau ist das „Gesetz", und welche Bedeutung hat es im neuen Bund?

Gesetz

Unter „Gesetz" versteht Calvin die fünf Bücher Mose. Im Judentum werden sie als *Thora* oder *Weisung* bezeichnet. Die darin enthaltenen Bestimmungen, die das Verhältnis der Menschen zu Gott und untereinander regeln, dienen dazu, Gott zu verehren! Die bleibende Bedeutung des Gesetzes besteht für Calvin darin, dass es wie ein Erzieher (Gal 3,24) auf Christus hinweist:

Er ist gekommen, um das Gesetz zu erfüllen, und kein i-Tüpfelchen davon wird vergehen (Mt 5,17f). Die Geltung des Gesetzes beschränkt Calvin allerdings auf die Zehn Gebote (Ex 20,1–17). Als *sittliches* Gesetz, das den *Lebenswandel* regelt, stehen sie unverändert in Geltung. Im Blick auf die Gebote lassen sich drei Funktionen des Gesetzes unterscheiden, in denen es über sich hinaus auf Christus hinweist:

Die erste Funktion des Gesetzes ist *überführend*: Die Gebote zeigen und erinnern uns daran, dass wir nicht in der Lage sind, sie zu erfüllen. Wie ein Spiegel decken sie unsere Sünde auf. Sie überführen uns als Menschen, die getrennt von Gott leben und auf Gottes Nachsicht und Zuwendung angewiesen sind.

In seiner zweiten Funktion *erhält* das Gesetz *die Gemeinschaft*. Diese Funktion des Gesetzes wird daher auch *politische* genannt: Die Gebote wecken die Furcht vor Strafe. Daher bemühen sich die Menschen, die Gebote einzuhalten. So gewährleisten die Gebote, dass das Miteinander der Menschen friedlich bleibt und die öffentliche Ordnung aufrechterhalten wird.

In seiner dritten, für Calvin wichtigsten Funktion *wirkt* das Gesetz *an den Glaubenden*: Die Gebote sind ein Instrument, um Gottes Willen zu erkennen. Sie mahnen und helfen, ein Leben zu führen, das Gott gefällt.

Die Zehn Gebote

In der Zählung der Zehn Gebote (Ex 20,1–17) folgt Calvin der biblischen und jüdischen Zählung. Er weicht damit von der Zählung Luthers ab, in der das zweite Gebot (Ex 20,4f) ausgeblendet wird und dafür das zehnte Gebot (Ex 20,17) geteilt werden muss.

Im Beachten der biblischen Zählung unterstreicht Calvin die Bedeutung des zweiten Gebotes: „Du sollst dir kein Bildnis noch irgendein Gleichnis machen […]. Bete sie nicht an und diene ihnen nicht!“ (Ex 20, 4f) Dieses Gebot hängt unmittelbar mit dem ersten zusammen. Während das erste Gebot betont, dass der Gott Israels der einzige Gott ist, unterstreicht das zweite, dass Gott sich den Menschen in einzigartiger Weise zu erkennen gibt und entsprechend zu verehren ist.

Calvin teilt die beiden Tafeln des Gesetzes in die Gebote eins bis vier (Ex 20,3–11: Verhältnis der Menschen zu Gott) und fünf bis zehn (Ex 20,12–17: Verhältnis der Menschen zueinander).

Der Vorspruch der Gebote „Ich bin der Herr, dein Gott, …" (Ex 20,2) ist für Calvin eine unverzichtbare Einleitung zu allen Zehn Geboten. Der Satz erinnert an die Befreiung Israels aus Ägypten und damit an jede von Gott gewirkte Befreiung der Menschen aus Abhängigkeit, Not und Schuld. In der Zusammenschau von Vorspruch und Geboten wird die Verheißung sichtbar, die dem alten und neuen Bund seine Überschrift gibt: „Ich will euer Gott sein, und ihr sollt mein Volk sein." (Lev 26,12 u.ö.)

Die Einheit des Bundes

Calvins Vorrede zur französischen Bibel steht nicht am Anfang der Bibel, sondern ist wie ein Scharnier zwischen Altem und Neuem Testament eingefügt. Calvin macht deutlich, worin dieses „Scharnier" besteht:

> Als die Zeit erfüllt war, […] ist [der] verheißene und erwartete Erlöser gekommen und hat alles zu unserer Erlösung und unserem Heil Notwendige vollendet und erfüllt (Gal 4,4). Er ist nicht nur den Israeliten gegeben worden, sondern allen Menschen […], damit die menschliche Natur durch ihn mit Gott versöhnt würde, so wie es in dem Buch, das nun folgt [Neues Testament], vollständig enthalten […] ist. Wir haben es so getreu, wie es uns nur möglich war, […] übersetzt, damit alle Christinnen und Christen […] das Gesetz, das sie halten und den Glauben, dem sie folgen sollen, hören und kennen. (CStA 1.1, 43)

Der Zusammenhang zwischen Gesetz und Glaube wird hergestellt durch den verheißenen und gekommenen Jesus Christus. Unter diesem Vorzeichen betont Calvin die Einheit der beiden Testamente: „Der Bund mit den Vätern ist im Wesen und in der Sache von dem unsrigen nicht zu unterscheiden, sondern ein und dasselbe." (Inst II,10,2) Grundlage dieses *einen* Bundes ist Jesus Christus. Die in beiden Teilen der Bibel bezeugte Bundesgeschichte Gottes mit den Menschen ist die *Christusgeschichte*. Sie lässt sich als schrittweise Annäherung Gottes an die Menschen erzählen. Darin enthüllt sich Gott mehr und mehr, bis er sich in Jesus Christus vollends zu erkennen gibt. Calvin stellt diese Geschichte auch gern als eine Zeit des zunehmenden Lichts dar: Von einem in der ersten Verheißung an Adam (Gen 3,15) aufleuchtenden Funken bis zu Jesus Christus, der als „Sonne der Gerechtigkeit" aufgeht (Mal 3,20; Inst II,10,20).

Die Rede vom *einen* Bund Gottes ist für die reformierte Theologie bis heute prägend. Calvin wehrt sich damit gegen eine Herabsetzung des Alten Testaments und gegen alle Tendenzen, das Alte vom Neuen Testament abzutrennen. Trotz seiner Betonung, dass beide Testamente in einem Bund zusammengehören, teilt Calvin die zeitgenössische Kritik am Judentum biblischer Zeit bis ins 16. Jahrhundert. Zwar gesteht er zu, dass die Verheißungen des Alten Testaments dem Volk des „ersten Bundes" (CStA 1.1, 45) gelten, und dass Gott zugesagt habe, er sei Israels Gott und werde es immer bleiben. Aber Calvin bescheinigt den Vorfahren im Glauben das ewige Leben nur unter der Voraussetzung, dass sie ihr Vertrauen auf Christus gesetzt hätten. Den Juden seiner Zeit wirft Calvin vor, sie hätten das „Himmelslicht verschmäht und sich […] freiwillig in die Nacht des Irrtums begeben." (Inst II,10,23)

Juden damals wie heute können Calvins Deutung nicht folgen. Seine Voraussetzung, dass die Verheißungen beider Testamente auf Jesus Christus zielen, teilen sie nicht. Calvins Bundestheologie stellt Christinnen und Christen vor die bleibende Aufgabe, das Gespräch mit Jüdinnen und Juden als älteren Geschwistern im Glauben immer neu zu suchen. Der *eine* Bund Gottes trägt die Überschrift: „Sie sollen mein Volk sein, und ich will ihr Gott sein." (Jer 31,33 u.ö.) Diese Zusage gilt dem Volk des alten und des neuen Bundes. Juden und Christen verbindet die im Alten und im Neuen Testament bezeugte Hoffnung auf die Vollendung ihrer Gemeinschaft mit Gott: „Denn auch heute verheißt Christus, der Herr, den Seinen kein anderes Himmelreich als das, in dem sie ‚mit Abraham, Isaak und Jakob zu Tische sitzen' sollen (Mt 8,11)." (Inst II,10,23)

Das Wort Gottes

Calvin wird ein Theologe des Wortes Gottes genannt. Er macht das in der Bibel bezeugte Wort Gottes zur Grundlage seines Denkens. Die Bibel ist als „schriftliche Aufzeichnung der himmlischen Lehre" (Inst I,6,3) im Laufe der Geschichte Gottes mit den Menschen entstanden. Sie ist nicht einfach identisch mit dem Wort Gottes: Die Bibel ist Wort Gottes, weil sie das Evangelium bezeugt und verkündigt. Ihre Einzigartigkeit beruht auf ihrer unvergleichlichen Botschaft.

Bei Calvin findet sich kein Biblizismus. Weder heißt, die Bibel wörtlich zu nehmen, sie zu verstehen, noch bedeutet das bloße Festhalten an biblischen Begriffen, deren Botschaft zu erfassen. Als Beispiel für diese Haltung nennt Calvin die Gegner der Trinitätslehre, die „das ein fremdartiges Wort nennen, was nicht bis auf die Silbe genau in der Schrift nachzuweisen ist, […] und […] alle Auslegung der Schrift [verdammen], sofern sie nicht einfach aus Bibeltexten zusammengeflickt ist." (Inst I,13,3)

In der *Auslegung* biblischer Texte gehören nach Auffassung Calvins die Frage nach dem *Sinn* (Was meint der Verfasser?) und die Frage nach dem *Nutzen* (Was bedeutet der Text für die Leserinnen und Leser?) zusammen. Auch die Lebenserfahrung fließt in die Auslegung der Texte ein:

> Die Erfahrungen, die ich […] gemacht habe, [setzten] mich […] in den Stand […], nicht nur die Lehren, die ich gefunden, für die Gegenwart nutzbar zu machen, sondern auch die Absicht der Verfasser […] leichter zu erkennen. (PsKomm, 5f)

Ziel aller Schriftauslegung ist es, „Jesus Christus als den, welcher vom Vater gesandt ist" (CStA 1.1, 49; vgl. Joh 17,3), anzuerkennen.

Calvin bezeichnet das in der Bibel bezeugte Wort Gottes als „himmlische Lehre" (Inst I,6,3). Dementsprechend finden sich in allen Schriften Calvins Begriffe aus dem Bereich Unterricht und Erziehung, um das Verhältnis von Gott und Mensch, Bibel, Botschaft und Glaube zu beschreiben: Christus ist Lehrer, und diejenigen, die das Wort Gottes verkündigen, lehren ebenfalls. Die im Wort Gottes unterwiesen werden, sind Schüler, und die Kirche, in der die Menschen das Wort Gottes lehren und lernen, ist – ebenso wie die Bibel – die Schule. Das Evangelium ist eine Lehre, welche die Menschen hören und lernen, so dass sie Jesus Christus erkennen, anerkennen und bekennen oder auch verkennen können. Als Lehre fordert das Wort Gottes von den Menschen Lernbereitschaft und führt sie zur Erkenntnis über Gott und sich selbst. Dabei meint *Erkenntnis* mehr als ein bloßes Verstehen, sie beschreibt die *Beziehung zwischen Gott und Mensch*: Wer und was ich bin, erfahre ich in der Beziehung zu Gott.

Die Institutio beginnt mit dem berühmten Satz:

> All unsere Weisheit, sofern sie wirklich den Namen Weisheit verdient, umfasst im Grunde [...] zweierlei: Die Erkenntnis Gottes und unsere Selbsterkenntnis. Diese beiden aber hängen vielfältig zusammen, und darum ist es [...] nicht einfach zu sagen, welche denn an erster Stelle steht und die andere aus sich heraus bewirkt. (Inst I,1,1)

Und in Calvins Antwort an Kardinal Sadolet (1539) heißt es:

> Zunächst lassen wir den Menschen mit seiner Selbsterkenntnis den Anfang machen. [...] Er [soll] sich mit seinem Gewissen vor Gottes Richterstuhl stellen. Und wenn er dann vom Zustand seiner Ungerechtigkeit [...] überführt ist, [...] dann zeigen wir ihm den einzigen Ankergrund seines Heils, die Barmherzigkeit Gottes, die uns in Christus dargeboten wird. (CStA 1.2, 377)

Demnach versteht Calvin unter *Selbsterkenntnis* zweierlei:

Zu erkennen, dass der Mensch sich in einer elenden und ausweglosen Situation befindet, seit er sich im Paradies von Gott abgewandt hat. Und zu erkennen, worauf er angewiesen ist, um diese Trennung von Gott zu überwinden: Auf Gott, der in Jesus Christus ein neues Verhältnis zu den Menschen eingegangen ist.

Selbsterkenntnis heißt dann, einzusehen, dass es nicht möglich ist, sich am eigenen Schopf aus dem Sumpf zu ziehen, sondern für ein gelingendes Leben auf Gott angewiesen zu sein.

Dem Menschen ist diese Einsicht von sich aus nicht möglich. Seine Beziehung zu Gott und zu sich selbst wurde dadurch, dass er „etwas aus sich selbst sein wollte“ (CStA 1.1, 35), grundlegend gestört: Im theologisch so genannten „Sündenfall“ (Gen 3,1–24) scheitert der Mensch daran, *Bild Gottes* zu sein. Das ist keine Eigenschaft, sondern ein *Auftrag*: In einer intakten Beziehung zu Gott und den Mitgeschöpfen zu leben. Um diese Beziehung wiederherzustellen, braucht der Mensch ein Gegenüber. Dieses Gegenüber ist Gott.

Gotteserkenntnis bedeutet, den Herrn „zu erkennen, um ihm Andacht und Ehrerbietung zu erweisen.“ (CStA 1.1, 37) Obwohl Gott seine Spuren unübersehbar in der Schöpfung hinterlassen hat, ist er nicht unmittelbar darin zu erkennen. Um ihn zu finden, ist die Bibel unverzichtbar: Wie eine Brille bringt sie „unser sonst so verworrenes Wissen um Gott in die richtige Ordnung, zerstreut das Dunkel und zeigt uns deutlich den wahren Gott.“ (Inst I,6,1)

Speziell geht es in der Gotteserkenntnis darum, in Jesus Christus zu erkennen, was Gott mit uns vorhat und was er aus uns macht. Das heißt, Jesus Christus als den anzuerkennen, der von Gott gesandt ist, und in dem Gott selbst zu uns kommt (Joh 17,3): „Alles, was man sich an Gutem auch immer erdenken oder wünschen könnte, [ist] in dem einen Jesus Christus zu finden.“ (CStA 1.1, 55) Auch dazu ist die Bibel unverzichtbar:

Wir wissen (von uns aus) nicht, was Gott uns befohlen oder verboten hat [...]. Ohne das Evangelium sind wir alle unbrauchbar und nichtig; ohne das Evangelium sind wir keine Christen. Aber durch die Kenntnis des Evangeliums werden wir Kinder Gottes (Gal 4,6), Bürger des Himmelreiches (Phil 3,20), Erben Gottes zusammen mit Jesus Christus (Röm 8,17), durch welchen die Armen reich, die Schwachen mächtig, die Törichten weise, die Sünder gerecht, die Verzweifelten getrost, die Zweifler gewiß und die Unfreien frei gemacht worden sind [...]. Das Evangelium ist [...] der Schlüssel zur Gotteserkenntnis, der den Gläubigen die Tür zum Himmelreich öffnet. (CStA 1.1, 49)

Gott und sich selbst zu erkennen, heißt für Calvin: Gott die Ehre zu geben. In der Fülle der hebräischen, griechischen und lateinischen Ausdrücke für *Ehre* bedeutet das: Gottes *Sieg* über den Tod zu feiern, seinen *Glanz* strahlen zu lassen, seine *Klarheit* wirken zu lassen, seine *Herrlichkeit* im Angesicht Jesu Christi zu erkennen (2. Kor 4,6). Damit ist der Horizont beschrieben, unter dem Calvin Theologie treibt: Gott allein gebührt die Ehre!

Der dreieinige Gott

Dass sich Gott im Laufe seiner Geschichte mit den Menschen in Jesus Christus zu erkennen gibt, bezeugen der Vater, der Sohn und der Heilige Geist:

Gott bestimmt sein Wesen durch ein besonderes Kennzeichen, das es uns ermöglicht, ihn [...] von allen Götzen zu unterscheiden. Denn er macht kund, dass er der Eine ist, doch so, dass er in drei Personen unterschiedlich betrachtet werden will. (Inst I,13,2)

In diesen „Personen“ zeigt Gott seine drei „Gesichter“ (Inst I, 13,3). Mit dem Ausdruck „Gesicht“ greift Calvin anschaulich auf das griechische Wort für „Person“ zurück. Mit den „drei Gesichtern“ Gottes ist dann gemeint, wie der *eine* Gott sich auf *drei* unterschiedliche Weisen – als Vater, Sohn und Geist – den Menschen zuwendet, zeigt und seinerseits angesehen und erkannt wird. Dieser Sachverhalt wird theologisch als *Dreieinigkeit* Gottes oder *Trinität* bezeichnet.

Seit der Zeit der alten Kirche war die Trinitätslehre heftig umstritten, da sie zwar ein Ergebnis der Bibelauslegung, ihrem Wortlaut nach aber nicht in der Bibel zu finden ist. Zur Zeit Calvins bestreiten die Gegner der Trinitätslehre, wie zum Beispiel Michael Servet, dass Jesus Christus wahrer Gott gewesen sei. Auf das Bestreiten der Trinitätslehre stand im Heiligen Römischen Reich Deutscher Nation die Todesstrafe.

Mit den anderen Reformatoren und der römischen Kirche ist Calvin der Meinung, dass ein Bestreiten der Trinitätslehre an die Wurzeln des Glaubens rührt. Nach seiner Überzeugung lässt sich die Geschichte Gottes mit den Menschen nicht erzählen, ohne die jeweiligen Eigenheiten zu berücksichtigen, in denen sich der eine Gott als Vater, Sohn und Geist zu erkennen gibt.

Der Schöpfer und Erhalter

Gott ist „der ganz vollkommene und ausgezeichnete Urheber aller Dinge“. (CStA 1.1, 35) Er hat „allen Teilen der Welt, im Himmel und auf der Erde, die Herrlichkeit seiner Macht Güte und Weisheit gleichsam eingegraben“. (CStA 1.1, 37) Die Welt ist für Calvin ein „Schauplatz der Herrlichkeit Gottes“ (vgl. aetpraed, 47 u.ö.). Aber Gott ist nicht nur *Schöpfer*, sondern auch *Erhalter* seiner Schöpfung. Theologisch gesprochen, geht es um den Zusammenhang von *Schöpfung und Vorsehung*:

Diese Bezeichnung [Schöpfer] bedeutet [...] nicht etwa, Gott habe seine Werke einmal geschaffen und kümmere sich danach nicht mehr um sie. Vielmehr muss man es so ansehen, dass die einmal von ihm erschaffene Welt nun auch von ihm erhalten wird; die Erde und alle übrigen Dinge haben nur Bestand, sofern sie gleichsam von seiner mächtigen Hand aufrechterhalten werden. (CStA 2, 23)

Auch die Geduld Gottes mit seinen Geschöpfen ist Teil der Vorsehung und Ausdruck seiner Fürsorge: Selbst nachdem sich die Menschen im Sündenfall von ihm abgewandt hatten, hat er sie „in Sanftmut und Geduld erhalten und getragen." (CStA 1.1, 37) Die Lehre von der Vorsehung enthält eine große seelsorgliche Kraft. Sie kommt darin zum Ausdruck, dass jede und jeder Gott „auch bei sich selbst finden" kann „als bei solchen, die alle von seiner Kraft, die in uns wohnt, getragen und erhalten werden." (CStA 1.1, 37)

In der Auslegung von Röm 8,35ff schreibt Calvin:

Nun erstreckt sich diese Gewissheit noch weiter bis in die Niederungen [unseres Lebens]. Denn wer im Blick auf sich selbst von Gottes Güte überzeugt ist, kann auch unter schwersten Belastungen standhalten. Sie sind für Menschen in der Regel nur deshalb eine so entsetzliche Qual, weil sie nicht daran denken, dass sie sich unter Gottes Vorsehung ereignen, oder weil [...] sie sich von Gott im Stich gelassen glauben, oder weil sie kein gutes Ende absehen [...]. So ist der Sinn der Worte hier folgender: Wir sollen, was immer geschieht, fest bleiben in dem Glauben, dass Gott, der uns einmal seine Liebe zugewandt hat, niemals aufhören wird, für uns zu sorgen. (CStA 5.2, 451)

Mit dieser prägnanten Zusammenfassung der Vorsehungslehre weitet Calvin den Blick auf den, der die Liebe Gottes verkörpert:

Jesus Christus

Er [ist] unser alleiniger Heiland, in welchem ganz allein unsere Erlösung, Friede, Gerechtigkeit, Heiligung, Heil und Leben ruhen: der für unsere Sünden gestorben, für unsere Rechtfertigung auferstanden ist; der zum Himmel gefahren ist, um uns dort einen Zugang zu verschaffen, um für uns und in unserem Namen (davon) Besitz zu ergreifen, und um immer vor seinem Vater als unser Fürsprecher und ewiger Hohepriester zugegen zu sein; der zu seiner Rechten sitzt als König, zum Herrn und Meister über alles eingesetzt, um alle Dinge im Himmel und auf der Erde wiederherzustellen. (CStA 1.1,45; vgl. Inst. II,16,19)

Damit ist die Summe dessen beschrieben, was von Jesus Christus zu sagen ist, die *Christologie*.

Jesus Christus nimmt in dem, wozu er von Gott beauftragt ist und was er für uns Menschen tut, unterschiedliche Aufgaben wahr; darauf weisen die Begriffe „Hohepriester“ und „König“ hin. In der Entfaltung der Christologie zeigt Calvin, dass der Jesus Christus von Gott gegebene Auftrag ein dreifacher ist:

Das dreifache Amt Jesu Christi

Das Amt Jesu Christi umfasst drei Aufgaben. Gott hat ihn zu unserem Propheten, König und Priester eingesetzt (Inst II,15,1–2). Dabei weist die Bezeichnung *Christus*, der *Gesalbte*, auf die Art seiner Einsetzung in die drei Ämter hin: So wie Propheten, Könige und Priester im Alten Testament mit Öl gesalbt und von Gott in ihr Amt eingesetzt wurden, wurde Christus mit dem Geist Gottes gesalbt, um sein dreifaches Amt auszuüben.

Das prophetische Amt

Jesu Christi prophetisches Amt ist sein *Lehramt*:

> Das Amt eines Lehrers der Seinen wurde dem Sohne Gottes zu dem Zweck übertragen, dass er sie mit der wahren Erkenntnis des Vaters erleuchte, in der Wahrheit erziehe und zu den vertrauten Schülern Gottes mache. (CStA 2, 29)

In seinem prophetischen Amt ist Christus zugleich Lehrer und Seelsorger. Er ist beauftragt, „den Elenden gute Botschaft zu bringen, die zerbrochenen Herzen zu verbinden, zu verkündigen den Gefangenen die Freiheit, den Gebundenen, dass sie frei […] sein sollen […], zu trösten alle Trauernden.“ (Jes 61,1f)

Das königliche Amt

Das königliche Amt Jesu Christi ist ein *geistliches* Amt. Seine Königsherrschaft hat ewig Bestand (Ps 89,36–38) bis zu ihrer Vollendung am Jüngsten Tag, wenn „Gott […] das [all]einige Haupt der Kirche sein [wird], weil dann Christi Werk zur Erhaltung und Verteidigung der Kirche vollendet ist.“ (Inst II,15,5) Als geistliches Amt erstreckt sich die Königsherrschaft Christi auf die Kirche und damit auf jedes Gemeindeglied. In seinem königlichen Amt gewährt Christus den Seinen verlässlich Schutz und Beistand: „Der Vater hat dem Sohne alle Gewalt gegeben, um uns durch seine Hand zu lenken, zu erhalten, zu stärken, uns unter seinem Schutz zu beschirmen und uns Hilfe zu leisten.“ (Inst II,15,5) Das bedeutet allerdings nicht, „dass wir ein fröhliches und kampfloses Leben führen, reichen Besitz haben, von aller Not [...] unberührt bleiben und alle Vergnüglichkeit im Überfluß haben." (Inst II,15,4)

In seinem königlichen Amt weckt Jesus Christus in den Glaubenden die Hoffnung auf das ewige Leben, das heißt die unverbrüchliche Gemeinschaft mit Gott.

Das priesterliche Amt

Jesu Christi priesterliches Amt beschreibt ihn als *Mittler*, der Gott und Menschen versöhnt: Wie ein Hoherpriester (Ps 110,4; Hebr 4,14 u.ö.) tritt er versöhnend zwischen Gott und Menschen und bringt in seinem Tod am Kreuz ein Opfer dar. Er ist der „große Priester [...] Melchisedek, der ein für allemal ein ewiggültiges Opfer gebracht hat" (CStA 1.1, 53), der Mittler, der sich „mit seinem Eintreten [...] zwischen die beiden Parteien [Gott und Mensch, R.R.] stellte, um sie zu versöhnen." (CStA 1.1, 41)
In seinem priesterlichen Amt tritt Jesus Christus als Fürsprecher der Menschen bei Gott ein. Er sorgt dafür, dass sie Zugang zu Gott finden, wenn sie sich im Gebet vertrauensvoll an ihn wenden und fürbittend für andere eintreten.

Die Rede von Jesus Christus als *Mittler* prägt Calvins Theologie von ihren Anfängen in der Vorrede zur französischen Bibel bis zur Abrundung seines theologischen Werkes in der Institutio. Der Vorstellung Jesu Christi als Mittler entspricht Calvins Darstellung der Glaubenden als Pilger vor Gott: „Solange wir also noch Pilgrime vor Gott sind, tritt Christus ins Mittel, um uns Schritt für Schritt zu fester Gemeinschaft mit Gott führen." (Inst II,15,5) Diese Gemeinschaft ist Inhalt, Verheißung und Horizont des alten und neuen Bundes. Bis zur Vollendung dieser in Jesus Christus bereits verwirklichten Gemeinschaft ist das Volk des alten und des neuen Bundes unterwegs, um in Gott zur Ruhe zu kommen (Hebr 4; 11,10; 12,22; 13,14).

Erst am Ende aller Zeiten, wenn Jesus Christus zum Gericht erscheinen wird, ist sein dreifaches Amt beendet (Inst II, 15,5).

Der Heilige Geist

Was immer von Gott, dem Vater, und Jesus Christus, dem Sohn, zu sagen ist, wird durch den Heiligen Geist wirksam. Durch ihn kommt das, was Gott mit den Menschen vorhat und tut, zur Entfaltung und zum Ziel.

Glaube

Das wesentliche Werk des Heiligen Geistes ist der Glaube, durch den die Menschen Jesus Christus als ihren von Gott gesandten Retter erkennen. Der Glaube ist auf das Wort Gottes angewiesen und „kann von ihm ebensowenig getrennt werden, wie die Strahlen von der Sonne, von der sie ihren Ausgang nehmen.“ (Inst III,2,6) Ohne das Wort Gottes kann die frohe Botschaft die Menschen nicht erreichen. Damit Gottes Wort aber in den Menschen wirken und ihren Glauben wecken kann, bedarf es des Heiligen Geistes. Er bewirkt die Gemeinschaft der Glaubenden mit Jesus Christus: „Der Heilige Geist ist das Band, durch das uns Christus wirksam mit sich verbindet.“ (Inst III,1,1)

Der Inhalt des Glaubens ist das, was Jesus Christus für die Menschen getan hat:

> Er hat sich erniedrigt, um uns zu erhöhen; er hat sich zum Knecht gemacht, um uns zu befreien; er ist arm geworden, um uns reich zu machen (2. Kor 8,9); er ist verkauft worden, um uns loszukaufen, gefangen, um uns zu erlösen, verdammt, um uns freizusprechen; er ist zum Fluch geworden (Gal 3,13) uns zum Segen, ein Sündenopfer uns zur Gerechtigkeit; er ist entstellt worden, um uns wiederherzustellen, gestorben, damit wir leben. (CStA 1.1, 55)

Was Calvin hier anschaulich beschreibt, wird mit einem theologischen Begriff die *Rechtfertigung* des Menschen genannt. Sie bezeichnet das, was Gott in Jesus Christus für die Menschen getan hat, damit sie Gott wieder recht sind, obwohl sie sich im Paradies von ihm abgewandt und ihre Bestimmung zum Bild Gottes verfehlt haben.

In Jesus Christus hat Gott ein neues Verhältnis zwischen den Menschen und sich selbst hergestellt: Er hat in Jesus Christus die Welt mit sich versöhnt (2. Kor 5,19). Das hält der Mensch im Glauben für wahr: In Jesus Christus ist er vor Gott gerecht (Inst III,11,4). Das Wort *gerecht* besagt in diesem Zusammenhang, dass das *Verhältnis* zwischen Gott und Mensch wieder *intakt* ist: Durch das, was Jesus Christus für den Menschen getan hat, wird er seiner ursprünglichen Bestimmung zu Gottes Ebenbild wieder gerecht. Durch den Glauben ist er oder sie wieder Kind Gottes.

Wie Martin Luther bezeichnet Calvin die Rechtfertigung als „Fundament“ (CStA 3, 55) oder „hauptsächlichen Pfeiler, auf dem unsere Gottesverehrung ruht.“ (Inst III,11,1) Dieser Pfeiler steht im Hintergrund, aber nicht im Vordergrund der Theologie Calvins.

Die *Buße* ist für Calvin ein unverzichtbarer Bestandteil des Glaubens. Als umfassende *Erneuerung* oder *Wiedergeburt* des Menschen folgt sie unmittelbar aus dem Glauben an die Versöhnung zwischen Gott und Mensch.

Die Buße vollzieht sich in zwei Schritten: Indem der Heilige Geist den Menschen im Glauben an Jesus Christus bindet, lässt er ihn teilhaben an Christi Tod und Auferstehung (Röm 6,5–11): Teilhaben am Tod Christi heißt, dass der alte, sündige Mensch stirbt (Ps 34,15; Jes 1,16f). Teilhaben an der Auferstehung Christi heißt, als neuer Mensch vor Gott zu leben. Anders als bei der Rechtfertigung ist damit kein einmaliges Ereignis, sondern ein Prozess im Leben der Christinnen und Christen gemeint. Die Buße oder Wiedergeburt hat das Ziel, dass die Menschen ihrer Bestimmung zum Bild Gottes entsprechen und sich in ihrem Leben als Kinder Gottes erweisen.

Dass sich die Versöhnung zwischen Gott und Mensch im christlichen Leben niederschlägt, ist für Calvin wesentlich. Dabei geht es um einen Zusammenklang zwischen dem, was Gott für die Menschen getan hat, und ihrer Lebensgestaltung:

Rechtfertigung und Heiligung des Menschen hängen unlöslich zusammen (1. Kor 1,30; Inst III,16,1).

Es gibt nur einen Weg zum Leben und Heil, den Glauben und die Gewissheit der Verheißungen Gottes, was nur durch das Evangelium zu erlangen ist [...], mit einer sicheren Hoffnung und vollkommenen Zuwendung zu Gott und einer brennenden Liebe zu seinem Nächsten. (CStA 1.1, 49)

Die Zuwendung zu Gott und zum Nächsten ist in beiden Tafeln des Gesetzes zusammengefasst: Die Zehn Gebote sind Richtschnur für das christliche Leben. Sie mahnen und helfen, ein Leben zu führen, das Gott gefällt, und geben die Antwort auf die Frage: „Was soll ich tun?“

Im Blick auf diese Frage ist zu beachten, dass Christinnen und Christen in dem Trost leben, mit Leib und Seele, im Leben und im Sterben nicht sich selbst, sondern ihrem getreuen Heiland Jesus Christus zu gehören (vgl. HK 1). Das bedeutet für das christliche Leben, *von sich selbst abzusehen* und auf Gott und den Nächsten zu schauen. Calvin nennt das *Selbstverleugnung*. Das heißt, die Zuwendung zum Nächsten geschieht nicht um meinetwillen, sondern um Gottes Willen. Dadurch, dass ich mich meinem Nächsten zuwende, ehre ich Gott! Als bloße Pflichtübung verfehlt die Zuwendung zum Nächsten ihren Sinn: Christinnen und Christen sollen sich das Unglück hilfsbedürftiger Personen „ebenso zu Herzen gehen lassen, als ob sie es selber [...] durchmachten." (Inst III,7,7)

Gebet

Calvin bezeichnet das Gebet als vornehmste Übung des Glaubens. Viele seiner Schriften geben Einblick in seine Gebetspraxis und Aufschluss über sein Gebetsverständnis. Die Gebete stehen meist in einem bestimmten Zusammenhang (Predigt, Vorlesung, Brief), weisen aber als Entfaltung der Theologie Calvins in der Regel über diesen Zusammenhang hinaus.

Allmächtiger Gott! Da wir nichts sind, ja noch weniger als nichts, so verleihe in Gnaden, daß wir unsere Nichtigkeit erkennen und das Vertrauen auf uns selbst oder auf die Welt fahren lassen. Lehre uns, unsere Zuflucht in Demut bei Dir zu suchen und unser gegenwärtiges Leben und ewiges Heil vertrauend in Deine Hände zu legen, damit wir auf dem ganzen Lebenswege Dein Eigentum sind und Dir die Ehre geben. Laß uns in demütigem Gebet Dich beharrlich anrufen, damit Du uns nicht nur einmal hilfst, sondern uns die Gewissheit schenkst, daß Du immerdar allen nahe bist, die Dich ernstlich und von Herzen anrufen, [...] durch Jesum Christum, unsern Herrn. (VorlGebete, 8)

Beten ist für Calvin gleichzeitig eine Verinnerlichung der Lehre und eine Übung des Glaubens. Auch im Gebet treffen sich Gotteserkenntnis und Selbsterkenntnis:

Sind wir einmal vom Glauben zu der Erkenntnis unterwiesen, daß alles, was wir nötig haben, und was uns bei uns selber mangelt, in Gott liegt und in unserem Herrn Jesus Christus [...], so bleibt nur übrig, daß wir das, was nach unserer Einsicht in ihm beschlossen ist, auch bei ihm suchen und von ihm in Gebeten erbitten! (Inst III,20,1)

In den Psalmen sieht Calvin „die beste und zuverlässigste Anweisung zur Anrufung Gottes" (PsKomm, 4). Er nennt den Psalter „eine Zergliederung aller Teile der Seele [...]; denn ein jeder findet hier ein Spiegelbild aller inneren Regungen, die ihn bewegen." (ebd.) Bis heute gelten die Psalmen als Gebetbuch der Bibel. Als „Anleitung zum rechten Beten" lehren sie, dass „ein vertrauter Umgang mit Gott möglich ist." (PsKomm, 5)

Das Gebet ist gewissermaßen ein Verkehr des Menschen mit Gott: er tritt in das Heiligtum des Himmels ein und erinnert Gott persönlich an seine Verheißungen. Und dabei darf er […] die Erfahrung machen, daß das, was er dem Worte […] geglaubt hat, nicht wirkungslos ist […]. Das Gebet gräbt die Schätze aus, die unser Glaube im Evangelium des Herrn angezeigt gefunden und dort erschaut hat. (Inst III,20,2)

Der wichtigste Bestandteil des Gebets ist für Calvin die Bitte um Vergebung der Sünden. Die Frage, ob die Menschen davon ausgehen dürfen, dass Gott ihr Gebet erhört, beantwortet Calvin so:

Dies muß immer die Voraussetzung unseres Betens sein: Wir werden erhört, worum wir auch bitten, soweit es für uns nützlich ist […]. Keiner wird Gott je recht anrufen, wenn er vorher nicht im festen Vertrauen auf dessen Güte Halt gefunden hat. (CStA 2,91)

Alles Beten zu Gott geschieht im Namen Jesu Christi:

Christus ist […] der einzige Weg und der einzige Zugang, durch den es uns geschenkt ist, zu Gott zu dringen. (Inst III,20,19) Er soll nun bei ihm unser Fürsprecher (1. Joh 2,1) und unser Mittler (1. Tim 2,5) sein, unter dessen Leitung wir unbesorgt zu ihm dringen sollen! Dabei dürfen wir darauf vertrauen: haben wir solch einen Fürsprecher, so wird uns nichts, was wir in seinem Namen bitten, verweigert werden, gleich wie ihm vom Vater nichts verweigert werden kann. (Inst III,20,17)

Gleichsam Muster und Vorbild für das Gebet ist für Calvin das Unservater. An dem Gebet, dass die Christen aller Zeiten, Länder und Sprachen verbindet, wird deutlich, dass es im Gebet als vornehmster Übung des Glaubens darum geht, Gott zu verehren.

Erwählung

In der Lehre von der Erwählung geht es um die *Vorbestimmung* des Menschen durch Gott. Sie wird mit einem lateinischen Wort als *Prädestinationslehre* bezeichnet.

Unter Vorbestimmung verstehen wir Gottes ewige Anordnung, vermöge deren er bei sich beschloß, was nach seinem Willen aus jedem […] Menschen werden sollte! Denn die Menschen werden nicht alle mit der gleichen Bestimmung erschaffen, sondern den einen wird das ewige Leben, den anderen die ewige Verdammnis vorher zugeordnet. (Inst III,21,5)

Wenn Gott in dieser Weise vorbestimmt, dass die einen Menschen gerettet werden und die anderen verloren gehen, spricht man von *doppelter* Prädestination. Calvin betont darüber hinaus, dass Gott bereits vor der Erschaffung der Welt unwiderruflich entschieden habe, was aus einem Menschen wird.

Die Lehre einer vor aller Zeit unwiderruflich getroffenen Entscheidung Gottes über das Wohl und Wehe der Menschen ist seit ihren Anfängen umstritten. Sie wurde in der alten Kirche von Augustin formuliert und findet sich auch bei Martin Luther, Ulrich Zwingli und in der römischen Theologie. Der Haupteinwand gegen dieses Verständnis der Prädestination lässt sich in zwei Fragen formulieren: Wie verträgt es sich, dass Gott alle Menschen retten möchte (Hes 18,23; 33,11; 1. Tim 2,4; 2. Petr 3,9), aber nur einen Teil zum ewigen Leben auserwählt? Und wenn Gott bereits unwiderruflich festgelegt hat, was aus den Menschen wird: Werden sie dann nicht von jeglicher Verantwortung für ihr Tun entbunden?

Als biblisches Lehrstück nimmt die Erwählungslehre einen wichtigen Platz in Calvins Theologie ein. Seine Verständnis von Erwählung steht in engem Zusammenhang mit der Vorsehungslehre und der Christologie: Gott bestimmt souverän und frei über den Weg der Menschen. Den zum Heil Erwählten schenkt er den Glauben. Sie vertrauen darauf, dass Gott sie in Jesus Christus unwiderruflich in seine Gemeinschaft aufnimmt. Die Gewissheit, in die Gemeinschaft mit Gott zu gehören, gibt es nur im Glauben. An den äußeren Umständen abzulesen, ob ein Mensch erwählt oder verworfen ist, ist für Calvin ausgeschlossen (Inst II,10,16 u.ö.).

Um Calvins Lehre von der Erwählung zu verstehen, ist zu beachten, dass sie beispielsweise in einer Predigt eine andere Funktion hat (erbauend) als in einer Streitschrift (verteidigend) oder in einem Lehrbuch (erklärend). Für Calvin sind Erwählung und Verwerfung keine gleichwertig nebeneinander gestellten Handlungsweisen Gottes – die Betonung liegt auf der Erwählung zur Vergewisserung der Glaubenden.

Die doppelte Prädestination (Institutio III,21–23) ist gewissermaßen ein theologisches Lehrstück aus der Vogelperspektive: Die Verwerfung ist die Kehrseite der Erwählung und die Konsequenz aus der Einsicht, dass kein

Mensch an seinem Heil mitwirken kann. Damit hat Calvin eine Folgerung ausgesprochen, die bereits in Martin Luthers Schrift *Vom unfreien Willen* angelegt ist: Wenn Gott allein in Jesus Christus Menschen dazu auserwählt, seine Kinder zu sein, kann es keinen Rest geben, der an Christus vorbei oder aufgrund eigener Verdienste zu Gott kommt. Diejenigen, auf die Gott kein Auge geworfen hat, sind nicht erwählt und werden daher nicht zu ihm kommen. Um es in einem Beispiel zu sagen: Wenn jemand sagt: „Ich liebe Dich", so wählt er oder sie einen bestimmten Menschen aus und verwirft damit alle anderen Möglichkeiten.

Calvins Lehre von der Prädestination unterstreicht die Souveränität Gottes und bringt gleichzeitig Gottes Liebe zum Ausdruck, die er den Menschen in Jesus Christus erklärt. In Jesus Christus erkennen sie, was Gott mit ihnen vorhat:

Christus ist […] der Spiegel, in dem wir unsere Erwählung anschauen sollen und es ohne Täuschung vermögen. Er ist es, in dessen Leib der Vater alle die einzufügen beschlossen hat, die er seit aller Ewigkeit zu den Seinen haben wollte: er will […] alle die als seine Kinder ansehen, die er unter Christi Gliedern erkennt. Ist es aber so, dann haben wir ein reichlich klares und sicheres Zeugnis, daß wir in das Buch des Lebens geschrieben sind, wenn wir mit Christus Gemeinschaft haben! (Inst III, 24,5)

Den modernen Einwand, dass seine Erwählungslehre die Menschen ängstlich und hilflos mache, weil der Ausgang ihres Lebens unwiderruflich feststehe, hat Calvin nicht im Blick. Im Gegenteil: Die in der Prädestinationslehre angelegte Heilsgewissheit war den Hugenotten in Frankreich und ein Jahrhundert später den *Puritanern*, den *Reformierten in England*, und Christinnen und Christen aller Zeiten ein starker Trost in Verfolgung und Not. Im Ausharren der Gläubigen kommt die seelsorgliche Kraft der Prädestinationslehre zum Ausdruck. In einer Auslegung von 1. Kor 15,53–55 vergewissert Calvin die Leserinnen und Leser der französischen Bibel, dass die von ihnen erhoffte Gemeinschaft mit Gott in Jesus Christus bereits verwirklicht ist:

So werden durch ihn die Härte gemildert, der Zorn besänftigt, die Finsternisse erhellt, die Ungerechtigkeit gerechtgesprochen, die Schwäche gekräftigt, die Trostlosigkeit getröstet, die Sünde verhindert, die Missachtung missachtet, die Furcht vertrauensvoll, die Schuld bezahlt, die Mühsal leicht, die Traurigkeit erfreut, das Unglück beglückt, die Unordnung geordnet, das Getrennte vereint, die Schande geadelt, der Aufruhr unterworfen, die Drohung bedroht, die Anschläge aufgedeckt, die Angriffe überwältigt, die Anstrengung überwunden, der Kampf bekämpft, der Krieg bekriegt, die Rache gerächt, die Bedrängnis bedrängt, die Verdammung verdammt, der Abgrund zugrunde gerichtet, die Hölle besiegt, der Tod getötet, die Sterblichkeit unsterblich. Kurz, die Barmherzigkeit hat alles Elend verschlungen und die Güte alles Unglück. Denn alle diese Dinge, die ganz und gar Waffen des Teufels waren, um uns zu bekämpfen, und ein Stachel des Todes, um uns zu stechen, sind für uns in Übungen verwandelt worden, aus welchen wir unseren Nutzen ziehen können. (CStA 1.1, 55)

In einem Osterlied Paul Gerhardts finden sich Anklänge an Calvins Beschreibung der verwandelnden Kraft des Evangeliums:

Die Welt ist mir ein Lachen
mit ihrem großen Zorn,
sie zürnt und kann nichts machen,
all Arbeit ist verlorn.
Die Trübsal trübt mir nicht
mein Herz und Angesicht,
das Unglück ist mein Glück,
die Nacht mein Sonnenblick.
(Evangelisches Gesangbuch, Lied 112,5)

Trotz ihrer unbestreitbaren seelsorglichen Kraft bleibt zu fragen, ob Calvins Prädestinationslehre dem biblischen Verständnis von Erwählung gerecht wird. In der Bibel liegt der Akzent weniger auf einer vor aller Zeit getroffenen Entscheidung Gottes über das Wohl und Wehe der Menschen. Stattdessen wird Erwählung als Beziehung, Beauftragung und Begleitung durch Gott beschrieben (Gen 12,1–3; Ex 3,7–18; Dtn 7,6ff; 1. Kön 11,34; Ps 78,70f; Jes 43,1f; Joh 8,29) Auch von daher stellt sich die Frage, ob die von Calvin angeführten Belegstellen (Eph 1,3–14; Röm 8,28–30; 9,6–21; Joh 6,44f und 10,28f) eine tragfähige Begründung für sein Verständnis der Erwählung sind.

Calvins Prädestinationslehre muss in ihrem jeweils konkreten Zusammenhang (Predigt, Streitschrift, Lehrbuch) betrachtet und gewürdigt werden. Wenn ihre vergewissernde Funktion für die Glaubenden aus dem Blick gerät, kann sie allerdings kaum als Trost wahrgenommen werden. In diesem Fall wäre sie, wie Calvin selbst einräumt, ein „furchtbarer Ratschluß" Gottes (Inst III, 23,7), den die Schriftstellerin Muriel Spark mit feinsinnigem

Humor so beschreibt, „daß Gott praktisch für jedermann schon vor seiner Geburt eine unangenehme Überraschung nach seinem Tod geplant habe.“ (Spark, 196)

Der Schweizer Theologe Karl Barth (1886–1968) hat wichtige Akzente der Theologie Calvins aufgenommen und weitergedacht. Barth sieht das Problem der Erwählungslehre Calvins darin, dass mit der gleichzeitigen Annahme eines in Gott begründeten Willens zu Erwählung und Verwerfung des Menschen und der in Jesus Christus verkörperten Gnade Gottes ein Widerspruch innerhalb Gottes bestünde. Um diesen Widerspruch aufzulösen, sieht Barth die Erwählung und Verwerfung des Menschen bereits in Jesus Christus vollzogen.

Eschatologie

Die Eschatologie befasst sich mit der Frage, was *am Ende aller Zeiten* von Gott her mit den Menschen passiert. In einer Auslegung von Mt 25,31–46 beschreibt Calvin den Jüngsten Tag, an dem der Retter Jesus Christus in seiner letzten Amtshandlung (Inst II,15,5) als Richter erscheint (Inst II,16,18–19). Calvin bestärkt die Leserinnen und Leser der französischen Bibel, dem Gericht zuversichtlich entgegenzusehen:

Durch dieses wird in einem Augenblick alles, was die Menschen je gegen […] [Gott] angestiftet haben sollten, niedergeschlagen werden […]. Das wird geschehen, wenn das Reich Gottes […] offenbar werden, und Jesus Christus in seiner Herrschermacht mit seinen Engeln erscheinen wird. Dann werden die Guten und die Bösen vor dem Richterstuhl dieses großen Königs erscheinen müssen. Die, welche in diesem Bund fest verharrt und den Willen dieses guten Vaters befolgt […] haben, werden zu [seiner] Rechten sitzen wie wahre Kinder und Segen empfangen: die Erfüllung ihres Glaubens, das ewige Heil. Und ebenso wie sie sich nicht geschämt haben, Jesus Christus anzuerkennen und zu bekennen, als er vor den Menschen verachtet und verschmäht war, werden sie nun Teilhaber seiner Herrlichkeit […] sein. (CStA 1.1, 53)

Demgegenüber werden die zu Lebzeiten Gott fernen Menschen auch nach dem Gericht in andauernder Gottferne zubringen:

Besonders jene, die sich um ihre Würden, Vermögen und hohen Stellungen zu behalten, nicht mit Jesus Christus […] erniedrigt und um der Menschenfurcht willen die Gottesfurcht aufgegeben haben, […] werden […] als Lohn ihres Unglaubens den ewigen Tod erhalten. (ebd.)

In seiner Darlegung der Eschatologie unterstreicht Calvin die seelsorgliche Ausrichtung seiner Theologie. Sie dient wie die Lehre von der Erwählung vor allem der Vergewisserung der Glaubenden: Ihre Hoffnung auf eine endgültige Gemeinschaft mit Gott wird sich erfüllen.

Calvin als Seelsorger

Das Wort Gottes ist für Calvin immer zugleich Lehre, Trost und Ermahnung. Seine Schriften zeigen ihn fast ausnahmslos als theologischen Lehrer und Seelsorger. Selbst die in ihrer letzten Ausgabe zu einem theologischen Lehrbuch angewachsene Ausgabe der Institutio (1559) hat über weite Strecken einen ansprechend erbaulichen Stil.

Auch in der Vorrede zur französischen Bibel ist Calvin auf Trost und Stärkung der Leserinnen und Leser bedacht. Dabei ist es wichtig, sich vor Augen zu halten, wann diese Bibel erscheint: 1535. Ein Jahr zuvor hatte die *Plakataffäre* die schweren Verfolgungen der evangelisch Gesinnten in Frankreich und somit auch Calvins Flucht ausgelöst.

In dieser Situation fragt er: Was könnte die um ihres Glaubens willen Verfolgten vom Evangelium trennen? „Beschimpfungen, Verfluchungen, Schande, Verlust weltlicher Ehren? […] Verbannung, Ächtung, Verlust von Besitz und Vermögen? […] Unglück, Gefängnis, Foltern und Qualen? […] Schließlich der Tod?" (CStA 1.1, 51)

Nichts von alledem kann die Glaubenden von Christus trennen. Ihr Glaube lässt sie in den furchtbaren Umständen der Verfolgung bestehen:

> Wir wissen sehr wohl, daß Jesus Christus, dem wir nachfolgen sollen […], diesen Weg gegangen ist, und es anzunehmen gilt, verachtet, verspottet, erniedrigt und vor den Menschen verworfen zu werden, und dafür beim Gericht Gottes geehrt, gewürdigt […] und erhöht zu werden. […] Wir wissen bei der Verbannung aus einem Land sehr wohl, daß die (ganze) Erde Gott eigen ist, und wenn wir auch überall vertrieben werden, doch nicht außerhalb seines Herrschaftsbereiches sind […]. Wir wissen durch das Beispiel Jesu Christi, daß dies der Weg ist, auf welchem wir zur Herrlichkeit gelangen. […] [Auch der Tod, R.R.] nimmt uns

nicht jenes Leben, das wirklich wünschenswert ist. Kurz, wenn wir Jesus Christus bei uns haben, wird es für uns nichts derart Verfluchtes geben, daß es nicht durch ihn gesegnet würde, nichts so Abscheuliches, daß es nicht geheiligt würde, nichts so Schlimmes, daß es uns nicht zum Guten ausschlagen würde (Röm 8,28). Lassen wir uns nicht entmutigen, wenn wir alle Mächte und Gewalten der Welt gegen uns gerichtet sehen [...]. Seien wir nicht verzweifelt, wie wenn alle Hoffnung verloren wäre, wenn wir vor unsern Augen die wahren Diener Gottes sterben und zugrunde gehen sehen. Denn [...] bis zum Ende der Zeiten [wird] gelten, daß das Blut der Märtyrer der Same der Kirche ist. (CStA 1.1, 51)

Dieser flammende Aufruf Calvins zum Durchhalten in Verfolgung und Not ist die Seelsorge eines Flüchtlings an den Flüchtlingen, eines Verfolgten an den Verfolgten:

Calvin bezeugt den Gott Israels und der Kirche, der die Menschen „auf ihrer Flucht Tag und Nacht begleitet, (selbst) wie ein Flüchtling in ihrer Mitte weilend." (CStA 1.1, 39)

Zur Verfolgung wegen des evangelischen Glaubens kam die ständige Bedrohung der Menschen durch die Pest. Sie suchte Europa in mehreren Perioden von der Mitte des 14. bis zum Ende des 18. Jahrhunderts heim. Im Frühjahr 1541 erreichte Calvin am Rande des Reichstags in Regensburg die Nachricht, dass sein Diakon Claude Féray und dessen Schüler Louis de Richebourg an der Pest gestorben seien. Louis und sein Bruder Charles hatten während ihrer Ausbildung bei Calvin gewohnt und gehörten quasi zur Familie. Calvin schreibt an Wilhelm Farel:

Mir [wird] das schwere Unglück gemeldet, unser lieber Claude, den ich so sehr lieb hatte, sei von der Pest dahingerafft; Louis, Charles Bruder, sei ihm drei Tage darauf in den Tod gefolgt; mein Haushalt sei kläglich zerstreut, mein Bruder mit Charles in ein benachbartes Dorf gezogen, meine Frau habe sich zu ihrem Bruder begeben; der jüngste von Claudes Schülern liege noch darnieder. So kommt zum herben Schmerz um die Toten noch die heftige Angst und Sorge um die Überlebenden. (Briefe 1, 179) Du kannst Dir denken, wie traurig ich bin [...]. Könntest Du doch nur auf eine Stunde bei mir sein! [...] Aber ich werde Dir lästig mit meinem Jammer und werde doch selbst dadurch nicht mehr erleichtert, als wenn ich ihn wie gewöhnlich still hinunterwürge. Leb also wohl, mein Farel. Der Herr schenke Dir Fröhlicheres! (Briefe 1, 183f)

An den Vater des verstorbenen Schülers schreibt Calvin:

Als ich […] die Nachricht vom Tode […] Ihres Sohnes Louis erhielt, war ich so erschreckt und bedrückt […], daß ich mehrere Tage nicht anders konnte als weinen. Und obwohl ich mich an der Gegenwart Gottes etwas stärkte und mich tröstete an der Hilfe, die er uns im Unglück bietet, so kam's mir […] doch vor, als sei ich nicht mehr ich selbst. […] Zu all meinem gewohnten Tun war ich nicht mehr fähig. […] Ich erzähle Ihnen das alles […], damit sie nicht etwa denken, mir sei es leicht, standhaft und tapfer zu sein, wenn es sich um die Trübsal eines andern handelt. (Briefe 1, 185f) So will ich Ihnen nicht die […] Trostgründe anführen, die man gewohnheitsmäßig vorbringt […]. Denn es gibt einen […] festen Trost, an dem Sie und die in gleicher Lage sind wie Sie festhalten müssen […]. Der geht hervor aus dem innerlichen Bewusstsein der Kenntnis Gottes, das Sie, wie ich weiß, in reicher Fülle besitzen. Das ist's in einem Wort, was Sie tun müssen: Ihren Sinn auf die Gedanken richten, die unser guter Meister uns […] oft genug dartut in der Schule wahren Glaubens […]. Der Herr hat den Sohn zu sich zurückgenommen, den er ihnen gegeben und gleichsam zur Bewahrung Ihren Händen anvertraut hat […]. Der Herr, der ihm bestimmt hat, für eine gewisse Zeit seinen Aufenthalt zu nehmen, hat ihn nun zurückgerufen. Wenn wir hören, dass der Herr etwas getan hat, so wollen wir doch je und je denken, daß es nicht blindlings geschehen ist noch zufällig […], noch aus irgendeiner andern Ursache als durch seinen Willen […]. Die Vorsehung Gottes […] [bietet] den Gläubigen […] in aller Fülle Stärkung und Erleichterung, mag ihnen widerfahren, was will. Denn nichts raubt uns mehr die Kraft […], als wenn wir uns ergehen in den Fragen: Warum ging's so? Warum nicht anders? Warum gerade hier so? […] So ist's also Gott, der den Sohn zurückforderte, den er uns anvertraut, damit wir für ihn sorgten, aber unter der Bedingung, daß er stets sein Eigentum bleibe. (Briefe 1, 186f) Sie werden sagen, es sei aber doch zu schwer, die Vaterliebe so zu […] zu unterdrücken, daß Sie beim Tod Ihres Sohnes keinen Schmerz empfänden. Das verlange ich von Ihnen auch durchaus nicht […]. Denn solche Lebensklugheit lernen wir in Christi Schule nicht, daß wir die uns von Gott gegebenen menschlichen Gefühle ablegen und aus Menschen Steine werden. (Briefe 1, 189f)

Die Kirche

Calvin notiert wenige Jahre vor seinem Tod: „Ich weiß wohl, welch ein Genuß es für viele ist, eine Menge Stoff aufzuhäufen, um so recht ihre Gelehrsamkeit zu zeigen. Aber mir lag mehr daran, die Kirche zu erbauen." (PsKomm, 11)

Als Kirchen- und Gemeindetheologe hat Calvin immer im Blick, was der Lehre und der Gestaltung der Kirche dient. Zugleich hält er an der Einheit der Kirche fest.

Nach dem Verständnis der Reformatoren muss sich die Kirche vom Wort Gottes her erneuern. Entsprechend appelliert Calvin an die leitenden Geistlichen seiner Zeit, dafür zu sorgen „daß es keinem Christen verwehrt oder verboten sei, frei in seiner eigenen Sprache […] [das] Evangelium zu lesen, zu erörtern und zu verstehen." (CStA 1.1, 57) Er erinnert die Bischöfe an ihre Pflicht, „nach jedem Mittel zu suchen, welches ermöglicht, daß jedermann durch das reine Wort Gottes im Glauben an Jesus Christus unterrichtet wird." (CStA 1.1, 57)

Im Vorwort zum Genfer Katechismus (1545) betont Calvin, wie wichtig für die Einheit der Kirchen die Übereinstimmung in der Lehre ist: Die aus der Bibel gewonnenen Einsichten sollten lernbar verfasst und verbreitet werden. Damit hätte man Texte, „mit welchen die Kirchen, die an verschiedenen Orten getrennt leben, eine in bezug auf Christus übereinstimmende Lehre besitzen und sich gegenseitig anerkennen." (CStA 1.1, 13) Damit benennt Calvin die unverzichtbare Voraussetzung für jedes ökumenische Gespräch: Es geht im Kern darum, dass Kirchen sich gegenseitig als Kirche anerkennen!

Calvins Lehre von der Kirche steht im Buch IV der Institutio (1559). Es ist der umfangreichste Teil dieses Werkes und zeigt, welche Bedeutung das Thema Kirche für Calvin hat. Er unterscheidet zwischen der sichtbaren und der unsichtbaren Kirche. Die sichtbare Kirche ist

> die gesamte, in der Welt verstreute Schar der Menschen, die da bekennt, daß sie den einen Gott und Christus verehrt, die durch die Taufe in den Glauben an ihn eingewiesen wird, durch die Teilnahme am Abendmahl ihre Einheit in der wahren Lehre und Liebe bezeugt, einhellig ist im Worte des Herrn und zu dessen Predigt das von Christus eingesetzte Amt aufrechterhält. (Inst IV,1,7)

Die unsichtbare Kirche ist in der sichtbaren Kirche enthalten. Sie ist nur für Gott erkennbar und umfasst „alle Auserwählten, die seit Anbeginn der Welt gewesen sind." (Inst IV,1,7) Den Menschen ist es nicht möglich, zwischen denen, die dazugehören, und denen, die nicht dazugehören, zu unterscheiden. (Inst IV,12,9–10).

Calvins Verständnis des Bundes erlaubt es ihm, auch die Erwählten der alttestamentlichen Gemeinde in die unsichtbare Kirche einzubeziehen. In der griechischen Übersetzung des Alten Testaments wird für *Kirche* das gleiche Wort verwendet wie im griechischen Neuen Testament: *εκκλησια*. Es bedeutet *Versammlung* oder *Gemeinde* und bezeichnet wörtlich übersetzt die Gemeinschaft der *Herausgerufenen*.

Die Glaubenden vertrauen darauf, zur Gemeinde der Auserwählten zu gehören, die Jesus Christus „durch seinen Geist und Wort [...] von Anbeginn der Welt bis ans Ende versammelt, schützt und erhält." (HK 54) Sie bekennen, dass es eine heilige, allgemeine oder *allumfassende* (griechisch: *katholische*) Kirche gibt. Das heißt, die über die ganze Welt verstreute Kirche Jesu Christi ist insofern katholisch, als Christus selbst sie durch Wort und Geist zu einer Einheit verbindet.

Dort, wo „Gottes Wort lauter gepredigt und gehört wird und die Sakramente nach der Einsetzung Christi verwaltet werden" (Inst IV, 1,9), wird die unsichtbare Kirche auch für Menschen sichtbar.

Mit dem altkirchlichen Theologen Cyprian bezeichnet Calvin die sichtbare Kirche als Mutter:

> Wer [...] Gott zum Vater hat, der muß auch die Kirche zur Mutter haben. (Inst IV,1,1) Denn es gibt für uns keinen anderen Weg ins Leben hinein, als daß sie uns in ihrem Schoße empfängt, uns gebiert, an ihrer Brust nährt und schließlich unter ihrer Hut und Leitung in Schutz nimmt, bis wir das sterbliche Fleisch von uns gelegt haben. (Inst IV,1,4)

Damit die Mutter Kirche ihre trägen und abgestumpften Kinder mit dem Wort Gottes so ernähren kann, dass sie im Glauben wachsen, hat Gott der Kirche Hilfsmittel wie eine Ordnung und die Sakramente gegeben.

Die Ämter in der Kirche

Die Ämter sind ein Bestandteil der Ordnung, in der die nach Gottes Wort reformierte Kirche geleitet werden soll. In dieser Ordnung soll zum Ausdruck kommen, dass allein Gott seine Kirche leitet: „Er allein soll in ihr [...] die Führung und den höchsten Platz innehaben und diese Herrschergewalt allein durch sein

Wort ausüben." (Inst IV,3,1) Da Gott nicht sichtbar anwesend ist, nimmt er dafür den Dienst von Menschen in Anspruch.

Für das deutsche Wort *Amt* verwendet Calvin in der Institutio unterschiedliche lateinische Begriffe: *ministerium, officium, munus, functio* und *mandatum*. Diese Begriffe bedeuten übersetzt: *Dienst, öffentliches Amt, verliehenes Amt, Funktion* und *Auftrag*. Damit unterscheidet Calvin sorgfältig zwischen dem Wirkungsbereich des jeweiligen Amtes, der Beauftragung durch Gott und der mit dem Amt verbundenen Aufgabe.

Im Epheserbrief werden fünf Ämter in der Gemeinde genannt: Apostel, Propheten, Evangelisten, Hirten und Lehrer (Eph 4,11). Calvin bezeichnet Apostel, Propheten und Evangelisten als zeitlich begrenzte Ämter. Sie waren zur Aufrichtung der Kirche und als Brücke zwischen Altem und Neuem Testament notwendig. Hirten und Lehrer dagegen sind bleibende Ämter, ohne welche die Kirche zu keiner Zeit sein kann.

Die *Hirten* (Pastoren) bezeichnet Calvin als *Diener am Wort Gottes*. Sie sind nach dem Vorbild der Apostel (Mk 16,15; Lk 22,19; 1. Kor 11,23–26) beauftragt mit der Verkündigung des Wortes Gottes in Predigt, Unterricht, Seelsorge, Kirchenzucht und Verwaltung der Sakramente (2. Tim 3,16; 2. Tim 4,2).

Das Amt der *Lehrer* ist mit der Aufgabe der Propheten vergleichbar. Sie sind mit der Auslegung der Schrift beauftragt, um die Glaubenden im Wort Gottes zu unterrichten.

Mit Röm 12,8 und 1. Kor 12,28 begründet Calvin das Amt der *Ältesten* (Presbyter). Mit der Leitung der Gemeinde beauftragt, haben sie die Aufgabe, zusammen mit den Pastoren die Aufsicht über den Lebenswandel zu führen und die Kirchenzucht zu üben.

Das Amt der *Diakonen* begründet Calvin mit Röm 12,7f; Apg 6,1–4 und 1. Tim 5,10. Dieses Amt wird nach dem Vorbild der alten Kirche aufgeteilt: Die einen sollen die Finanzen der Bedürftigen verwalten, die anderen sind mit der Pflege und Versorgung der Armen und Kranken betraut.

In Calvins Amtsverständnis kommt es nicht darauf an, dass es genau vier Ämter in der Kirche gibt, sondern dass es entsprechend seiner aus der Bibel gewonnenen Einsicht eine *Mehrzahl* von Ämtern in der Kirche Jesu Christi gibt. Ein einziges, menschliches Haupt der Kirche oder der Gemeinde kann es nach biblischem Zeugnis nicht geben: Jesus Christus ist das Haupt der Gemeinde (Eph 1,22f; Eph 4,15). Er ist zwar nicht sichtbar anwesend, aber er ist gegenwärtig wirksam und leitet seine Kirche durch den heiligen Geist. Er überträgt seine Macht nicht auf die Menschen, die mit einem Amt in seiner Kirche beauftragt sind, sondern er bedient sich ihrer in den unterschiedlichen Gaben und Aufgaben in der Gemeinde. Das heißt, ein Amt in der Gemeinde gewinnt seine Bedeutung nicht von dem oder der, die dieses Amt bekleidet, sondern allein vom ausgeübten, durch Jesus Christus in Anspruch genommenen Dienst. Er ist und bleibt das Haupt seiner Gemeinde. Insofern kann es in der Kirche Jesu Christi weder den Vorrang oder die Herrschaft eines einzelnen Amtes (Monarchie), noch eine von Gott her begründete Herrschaft eines Amtes über ein anderes (Hierarchie) geben (Inst IV,6,9–10).

Als Leib Christi hat die Gemeinde Anteil am dreifachen Amt Christi als Prophet, König und Hoherpriester. Die Ämter in der Gemeinde bringen den der ganzen Gemeinde anvertrauten Dienst beispielhaft zum Ausdruck.

Dem prophetischen Amt Christi entspricht, dass die Gemeinde mit der Verkündigung des Wortes Gottes beauftragt ist. Verkündigen heißt, zu belehren, zu trösten, anzukündigen, zu ermahnen und einzustimmen auf das, was von Gott zu sagen ist. Diesen Auftrag nehmen die Pastorinnen und Pastoren wahr.

Das Amt der Ältesten, die Leitung der Gemeinde, entspricht in seinem geistlichen und gerade nicht herrschaftlichen Charakter der Teilhabe der Gemeinde am königlichen Amt Christi.

Das priesterliche Amt beschränkt Calvin ausdrücklich auf Jesus Christus als Versöhner und Fürsprecher vor Gott. Insofern findet das priesterliche Amt Jesu Christi seine Entsprechung weniger in einem einzelnen Dienst der Gemeinde – somit auch nicht im Dienst der Diakonen – als sachgemäß in der Fürbitte der Gemeinde: Im fürbittenden Eintreten für andere im Namen Jesu Christi hat für Calvin die Rede vom Priestertum aller Gläubigen ihre Berechtigung und zugleich ihre Begrenzung (Inst II,15,6).

Kirchenzucht

Neben den Ämtern ist die Kirchenzucht für Calvin ein wichtiger Bestandteil der Ordnung, an der die Kirche erkennbar sein soll. In einem prägnanten Bild beschreibt er den engen Zusammenhang von Botschaft und Ordnung der Kirche:

Wie also die heilbringende Lehre Christi die Seele der Kirche ist, so steht die Zucht an der Stelle der Sehnen: sie bewirkt, daß die Glieder des Leibes, jedes an seinem Platz, miteinander verbunden leben. (Inst IV,12,1)

Die Ordnung der Kirche dient dazu, die sichtbare Kirche entsprechend den aus der Bibel gewonnenen Einsichten zu gestalten. Im Blick auf die Verbindlichkeit kirchlicher Ordnungen muss sorgfältig geprüft werden, inwieweit die jeweilige Ordnung auf Gottes Wort zurückzuführen ist, und was der Erbauung der Gemeinde dient. Calvin gesteht zu, dass viele Formen zeitbedingt und insofern nicht unabänderlich sind. Doch gibt er zu bedenken, „daß man nicht unüberlegt, auch nicht immer wieder und auch nicht aus geringfügigen Ursachen zur Neuerung greifen darf. [...] Was Schaden bringt oder was erbaut, das wird die Liebe am besten beurteilen." (Inst IV,10,30) In gegenseitiger Liebe und mit freiem Gewissen sollen die Christinnen und Christen verantwortungsvoll und pflichtbewusst mit den in der Gemeinde geltenden Regelungen umgehen.

Neben der grundlegenden Gestaltung und Regelung des Zusammenlebens der Gemeinde bezeichnet Calvin mit der Kirchenordnung speziell die *Kirchenzucht*. Da die wahre Kirche dort sichtbar wird, wo das Wort Gottes recht gepredigt und die Sakramente entsprechend der Einsetzung Christi ausgeteilt werden, soll die Kirchenzucht im Blick auf die Übereinstimmung in der Lehre und im Blick auf die Zulassung zum Abendmahl ausgeübt werden. Dabei soll die Kirchenzucht ein erzieherisches und seelsorgliches Instrument sein, um die Gemeinde als Leib Christi vor Beschädigung und schlechtem Ruf zu schützen, andere Gemeindeglieder von der Nachahmung eines Fehlverhaltens abzuhalten und die fehlbaren Menschen zur Einsicht zu führen und zur Umkehr zu rufen (Inst IV,12,1–13).

Sakramente

Mit Sakramenten bezeichnet Calvin sichtbare Zeichen, die Gottes Zusagen an die Menschen besiegeln. Als Sakramente im Alten Testament nennt Calvin die Beschneidung, Reinigungs- und Opferriten. Als Sakramente im Neuen Testament nennt er Taufe und Abendmahl und – mit Einschränkungen – die Handauflegung, mit der kirchliche Amtsträger in ihren Dienst eingesetzt werden sollen.

Von den Sakramenten soll in der Kirche regelmäßig Gebrauch gemacht werden. Sie sollen in erster Linie den Glauben stärken, in zweiter Linie dienen sie dazu, den Glauben zu bekennen. Sie bringen sichtbar zum Ausdruck, dass Gott die Menschen zur Gemeinschaft mit Jesus Christus einlädt und sie in dieser Gemeinschaft erhält. So wie die Predigt den Glauben weckt und im Glauben erhält, stärken die Sakramente den Glauben:

> Es genügt eben nicht, daß der Glaube einmal in uns angefangen hat, [...] er soll von Tag zu Tag wachsen. Um ihn zu nähren, zu stärken und zu fördern, hat [...] der Herr die Sakramente eingesetzt. (CStA 2, 117).

Wie das Siegel einer Urkunde sind die Sakramente Zeichen des Bundes zwischen Gott und Menschen. Diese Besiegelung geschieht durch sichtbare Zeichen (Wasser, Brot und Wein), welche die Verheißungen Gottes bildhaft vor Augen führen. Das jeweilige Zeichen kann allerdings nicht ohne das Wort Gottes sein, das uns „bei der Hand nimmt und dahin leitet, worauf uns das Zeichen richtet und wohin es uns lenkt.“ (Inst IV,14,4).

Der Heilige Geist bedient sich der äußeren Zeichen, um die Glaubenden im Sakrament mit Jesus Christus zu verbinden. Calvin betont, „daß die Sakramente keine andere Aufgabe haben als das Wort Gottes. Diese Aufgabe besteht darin, uns Christus darzubieten und vor Augen zu stellen und in ihm alle Schätze der himmlischen Gnade.“ (Inst IV,14,17) Aber „sie können uns nicht weiter von Nutzen sein als allein, wenn der Heilige Geist hinzutritt, der unseren Verstand und unser Herz öffnet [...], der den Sakramenten in uns Raum schafft und [...] bewirkt, daß sie Frucht tragen.“ (ebd.)

Taufe

Calvin bezeichnet die Taufe als Zugang zur Kirche. Sie zeigt, dass wir in Gottes Familie aufgenommen werden (Eph 2,19). Die Taufe hat eine doppelte Bedeutung: „Sie bildet die Vergebung der Sünden und die geistliche Erneuerung ab (Röm 6,4; Eph 5,25–27).“ (CStA 2, 119) Der Heilige Geist bewirkt, dass wir die Bedeutung der Taufe im Glauben erfassen und uns auf dem Weg der Buße als neue Menschen erweisen: als in der Gemeinschaft mit Jesus Christus lebende Kinder Gottes.

Aufgrund der Einheit des alten und neuen Bundes entspricht die Taufe als Bundeszeichen im Neuen Testament der Beschneidung im Alten Testament (Gen 17,10–14). Daher bejaht Calvin die Kindertaufe und grenzt sich deutlich von den Täufern ab.

Eine Nottaufe lehnt Calvin ab. Aus der Verheißung Gottes an Abraham, den Vater des Glaubens (Röm 4,11f), dass er nicht nur Abrahams Gott, sondern auch der Gott seiner Nachkommen sei (Gen 17,7), schließt Calvin, dass Gott „unsere Kinder schon vor ihrer Geburt zu den Seinen annimmt." (Inst IV,15,20) In der Zusage an Abraham ist ihr Heil bereits beschlossen. Das bedeutet: Gottes Wort ist stark genug, um aus sich selbst heraus wirksam zu sein, es bedarf im Notfall keines äußeren Zeichens.

Abendmahl

Im Abendmahl kommt die im Tod Jesu Christi geschehene Versöhnung Gottes mit der Welt sichtbar zum Ausdruck. Durch die Teilhabe an Brot und Wein wird in den Glaubenden die Hoffnung auf eine unverbrüchliche Gemeinschaft mit Jesus Christus genährt. Er ist der wahre und ewige Hohepriester, der durch sein einmaliges Opfer (Hebr 9,14–28 u.ö.) die Welt mit Gott versöhnt hat. Im Abendmahl geht es allerdings nicht darum, das Opfer Jesu Christi zu wiederholen. Der Dienst in der Feier des Abendmahls ist kein priesterlicher sondern Verkündigung.

Mit diesem Abendmahlsverständnis grenzt sich Calvin unmissverständlich von der römischen Messopferlehre ab, in welcher „der Tod Christi seiner Kraft beraubt wird." (CStA 1.2, 393)

Für Calvin geht es im Abendmahl darum, sich durch die Teilhabe an Brot und Wein im Glauben von Leib und Blut Christi zu nähren und damit die Hoffnung auf eine bleibende Gemeinschaft mit Christus zu stärken. Diesen Glauben bewirkt der Heilige Geist ebenso wie die wirksame Anwesenheit Christi in den Elementen: „Daß den Glaubenden im Abendmahl die wirkliche Gemeinschaft mit dem Leib und Blut [Christi] angeboten wird, lehren wir mit allem Nachdruck." (CStA 1.2, 385)

Mit seinem Abendmahlsverständnis nimmt Calvin eine vermittelnde Position zwischen der Auffassung Luthers einerseits und derjenigen Zwinglis andererseits ein. Weder ist Christus nur zeichenhaft (Zwingli) noch unmittelbar (Luther) in den Elementen anwesend:

Im Abendmahl sind zwei Dinge beisammen, nämlich Brot und Wein, die mit den Augen gesehen, mit den Händen berührt und mit dem Geschmack wahrgenommen werden, und Christus, durch den unsere Seelen innerlich als mit der ihnen zukommenden Nahrung gespeist werden. (CStA 2, 131)

Wie die Taufe ist auch das Abendmahl zugleich ein Bundes- und ein Bekenntniszeichen, an dem die Zugehörigkeit der Glaubenden zur Kirche Jesu Christi erkennbar wird.

Vom Staat

Calvin unterscheidet zwei Einflussbereiche, in denen der Mensch lebt. Er bezeichnet sie als geistliches und bürgerliches Regiment. Der Einfachheit halber werden sie im Folgenden Kirche und Staat genannt.

In der Kirche wird zur Verehrung Gottes erzogen, im Staat zu bürgerlichen Pflichten und zu Pflichten der Menschlichkeit. Kirche und Staat haben nach Calvins Verständnis miteinander zu tun, sind aber voneinander zu unterscheiden.

Für Calvin ist der Staat ein notwendiges Hilfsmittel, um menschlich miteinander zu leben, bevor das Reich Gottes alle irdischen Ordnungen ablösen wird. Seine Aufgabe besteht darin, für die Einhaltung der beiden Tafeln des Gesetzes zu sorgen. Die erste Tafel betrifft die Gottesverehrung, die zweite Tafel die öffentliche Ordnung. Das heißt, der Staat hat die Aufgabe, die freie Religionsausübung zu garantieren, und er ist dafür zuständig, das öffentliche Leben zu lenken und die öffentliche Ordnung aufrecht zu erhalten. In der Vorrede zur Olivétan-Bibel geht Calvin noch darüber hinaus:

Ihr Könige, Prinzen und christliche Obrigkeiten, die ihr von Gott dazu bestimmt seid, […] die Übeltäter zu bestrafen und die Guten zu erhalten, an euch ist es, diese heilige, nützliche und nötige Lehre [das Evangelium] in all euren Ländern, Gebieten und Herrschaftsbereichen zu veröffentlichen, zu lehren und zu verstehen, damit durch euch Gott gepriesen und sein Evangelium erhöht werde, wie es sich denn mit gutem Recht gehört, daß alle Könige und Königreiche in aller Demut seiner Herrlichkeit gehorchen und dienen. (CStA 1.1, 55–57)

Calvin weist die Regierenden darauf hin, dass sie ihren Auftrag, zu herrschen, von Gott erhalten haben (Röm 13,1.4). Sie haben sich in der Ausübung ihres Amtes an Gottes Güte zu orientieren und Lauterkeit, Milde und Gerechtigkeit walten zu lassen:

Schaffet Recht und Gerechtigkeit und errettet den Bedrückten von des Frevlers Hand und bedränget nicht die Fremdlinge, Waisen und Witwen und tut niemand Gewalt an und vergießt nicht unschuldiges Blut. (Jer 22,3)

Die Regierenden sind Gott verantwortlich, der ihnen das Recht zur Gewaltausübung verliehen hat: Das Recht zum Vollzug der Strafe an Einzelnen bis hin zur Todesstrafe und das Recht zur Kriegführung. Ebenso hat die Obrigkeit das Recht, Steuern und Abgaben zu erheben und Gesetze zu erlassen. Das Volk kann unter Berufung auf die Gesetze seine Rechte einklagen. Dabei ist für den Juristen Calvin die Gleichheit aller vor dem weltlichen Gesetz (Dtn 1,16f) ebenso wichtig wie die Gleichheit aller vor der kirchlichen Ordnung (Kirchenzucht).

Das Volk hat die Pflicht, Steuern zu begleichen und Lasten zu übernehmen, den Regierenden Respekt zu erweisen und Gehorsam zu leisten. Aber wie weit reicht dieser Gehorsam?

Da die Obrigkeit von Gott eingesetzt ist, ist grundsätzlich jeder Obrigkeit Gehorsam zu leisten (Röm 13,1–7). Darin, wie unterschiedlich die Herrscher regieren, ist für Calvin die Vorsehung Gottes erkennbar, „damit die Lebenden erkennen, daß der Höchste Gewalt hat über die Königreiche der Menschen und sie geben kann, wem er will." (Dan 4,14) „Er ändert Zeit und Stunde; er setzt Könige ab und setzt Könige ein." (Dan 2,21)

Hinsichtlich der Beurteilung der Herrschenden sieht Calvin eine gegenseitige Verpflichtung von Regierenden und Regierten. Das heißt, „daß sich nicht die einen um die Pflichten der anderen kümmern, sondern jeder sich allein das angelegen sein lässt, was seines eigenen Amtes ist." (Inst IV,20,29) Wenn die Herrschaft dennoch unerträglich wird, kann es nach Calvin nicht darum gehen, die Dinge gleich selbst in die Hand zu nehmen. Vor allem anderen steht, sich mit der Bitte um Rat und Hilfe an Gott zu wenden – in dem Vertrauen, dass er von solchen befreit, die das Recht beugen und die Bedürftigen beschämen und ausbeuten (Jes 10,1f). In diesem Vertrauen haben Christinnen und Christen auch ungerechte Regierungen auszuhalten und Leiden in Kauf zu nehmen.

Es gibt jedoch eine Ausnahme: Der Gehorsam gegenüber den Herrschenden darf den Gehorsam gegenüber Gott nicht in Frage stellen: „Wenn sie etwas gegen ihn befehlen, […] zählt es nicht." (Inst IV,20,32) Es darf nicht sein, dass ein Herrscher den Menschen Unrecht tut und sich gegen Gott erhebt, und ebenso darf es nicht sein, der gottlosen Anordnung eines Herrschers Folge zu leisten: „Als ob Gott, indem er sterblichen Menschen die Führung des Menschengeschlechtes übertrug zu ihren Gunsten auf sein Recht verzichtet hätte." (ebd.)

Calvin weiß, dass es nicht ungefährlich ist, Mächtigen zu widersprechen oder konsequent zu widerstehen, aber im Letzten gilt: „Man muss Gott mehr gehorchen als den Menschen." (Apg 5,29) Und so gibt er seinen Leserinnen und Lesern folgendes Wort des Paulus mit auf den Weg: „Ihr seid teuer erkauft; werdet nicht der Menschen Knechte." (1. Kor 7,23)

Wirkung

Calvins bis in unsere Zeit reichende Wirkungsgeschichte kann im Rahmen dieses Buches nur angedeutet werden. Das soll geschehen im Blick auf Theologie, Frömmigkeit und kirchliche Praxis, das Verhältnis von Kirche und Staat, den Umgang mit Bedürftigen (Sozialethik) und eine an Gerechtigkeit orientierte Wirtschaft (Wirtschaftsethik). Ein abschließender kurzer Blick fällt auf Calvins Wirkung in Wissenschaft, Kunst und Literatur.

Die Wirkungsgeschichte Calvins reicht von der Zuspitzung bis zur Ablehnung seines Werkes oder einzelner Bestandteile. Die Gründe dafür liegen zunächst in der Herausbildung der konfessionellen Gegensätze im ausgehenden 16. und 17. Jahrhundert. Zudem erforderte die Verfolgungssituation, in der sich die reformierten Gemeinden in Frankreich, England und den Niederlanden befanden, in mancher Hinsicht eine Zuspitzung der Theologie Calvins. Im Begriff „Calvinismus" kommt die Zwiespältigkeit der Wirkungsgeschichte Calvins zum Ausdruck. Sie beinhaltet die Verarbeitung und Weiterentwicklung, aber auch die Verkennung und Ablehnung seiner Theologie. Nicht alles, was reformiert oder „calvinistisch" genannt wird, lässt sich unmittelbar auf Calvin zurückführen.

Theologie, Frömmigkeit und kirchliche Praxis

Reimpsalmen

Der Psalmengesang ist bis heute ein Kennzeichen reformierter Frömmigkeit. In der Ausgabe des Evangelischen Gesangbuchs für die Evangelisch-reformierte Kirche, die altreformierte Kirche, die Evangelischen Kirchen von Westfalen und im Rheinland sowie die Lippische Landeskirche ist der Reimpsalter mit Genfer Melodien vollständig enthalten. Damit wird die Einheit des alten und neuen Bundes im Glaubensleben reformierter Gemeinden erkennbar. Die Bereimungen stellen die Psalmen in ihren alttestamentlichen Zusammenhang, so kommt die in ihnen enthaltene Verheißung in einzigartiger Weise zum Ausdruck.

Bilderverbot

Calvins Einteilung der Zehn Gebote nach biblischer und jüdischer Zählung unterstreicht die *Bedeutung des zweiten Gebotes.* Jeder Versuch, ihn im Bild festzuhalten und anzubeten, würde den lebendigen Gott verfehlen. Eine Abbildung Gottes ist für reformierte Christinnen und Christen nicht denkbar.

Calvin schätzte Bildhauerei und Malerei, sah jedoch die Gefahr, dass Bilder in der Kirche die Einzigartigkeit Gottes in Frage stellen und seiner Verehrung im Wege stehen könnten. So konsequent die Bilderlosigkeit in reformierten Kirchen und die von manchen daher als nüchtern bis kühl empfundene Atmosphäre ist, so bedauerlich ist eine manchmal damit einhergehende Verunsicherung oder ablehnende Haltung gegenüber Kunst im Allgemeinen und kirchlicher Kunst im Besonderen. Das Verhältnis von Kunst und Kirche ist in der reformierten Kirche ein offenes Kapitel.

Abendmahl

Calvins Abendmahlsverständnis betont die verheißene, in Jesus Christus bereits verwirklichte *Gemeinschaft* der Glaubenden mit Gott (1. Kor 1,4–9; Mt 8,11; Lk 14,15ff). Während sie Brot und Wein miteinander teilen, wird die Gemeinschaft der Glaubenden mit Jesus Christus in der Tischgemeinschaft sichtbar: Er lädt uns an seinen Tisch. Daher steht in reformierten Kirchen ein Abendmahlstisch und kein Altar.

Dass Calvins Abendmahlsverständnis eine vermittelnde Position zwischen der Auffassung Luthers und Zwinglis darstellt, wird trotz der Leuenberger Konkordie (1973) bis heute kaum zur Kenntnis genommen. In Kirchengemeinden in Deutschland wird die Position Calvins in der Regel mit Zwinglis Auffassung als „reformiertes Abendmahlsverständnis“ identifiziert. Hier besteht nach wie vor Gesprächsbedarf.

Welche Formen der Abendmahlsfeier wären geeignet, um den für Calvin wichtigen Gemeinschaftsaspekt des Abendmahls, aber auch das heute ausgeprägte hygienische Empfinden der Gemeindeglieder zu berücksichtigen?

Die in reformierten Gemeinden in Ostfriesland gepflegte sitzende Mahlfeier um den Abendmahlstisch bildet die Tischgemeinschaft Jesu mit seinen Jüngern vielleicht am ehesten ab, findet ihre Grenze aber in der Größe der Gemeinde. Die zwinglische Form, bei der Brot und Kelch in den Bankreihen weitergereicht werden, kann in größeren Gemeinden praktiziert werden, verliert aber den Gemeinschaftsaspekt aus dem Blick.

Der Gebrauch des Gemeinschaftskelchs betont den Gemeinschaftsaspekt der Mahlfeier, die Verwendung von Einzelkelchen berücksichtigt das hygienische Empfinden der Gemeindeglieder. Die mancherorts geübte Praxis, während der Mahlfeier die Einzelkelche aus einem Gemeinschaftskelch zu füllen, trägt beidem Rechnung.

Für Calvin ist eine *Vorbereitung* auf das Abendmahl notwendig. Das heißt, sich zu prüfen (1. Kor 11,28f), ob das Verhältnis zu Gott und zum Nächsten ohne Falsch ist.

Der in der Bentheimer Kirchenordnung (1709–1970) detailliert beschriebene Hausbesuch der Pastoren diente dazu, das christliche Leben der Familien zu überprüfen und so deren Abendmahlswürdigkeit festzustellen. Die in Ostfriesland wie zum Teil auch in der Grafschaft Bentheim anzutreffende Abendmahlsscheu hat ihren Grund darin, einer Selbst- oder Fremdprüfung nicht zu genügen. Allerdings ist die Unvollkommenheit aller Menschen für Calvin kein Grund, dem Abendmahl fernzubleiben: Eine Gemeinde sollte auch als Abendmahlsgemeinde erkennbar sein.

Was wäre in unserer Zeit eine angemessene Vorbereitung auf das Abendmahl? Unter der Voraussetzung, dass Jesus Christus zum Abendmahl einlädt, und dass in der Abendmahlsfeier die Teilhabe an seiner in Tod und Auferstehung geschenkten Gemeinschaft sichtbar wird, ergibt sich hinsichtlich Vorbereitung, Gestaltung und Häufigkeit der Abendmahlsfeier Gesprächsbedarf innerhalb unserer Gemeinden, aber auch zwischen Gemeinden unterschiedlicher Konfessionen.

In Straßburg und Genf war der Ausschluss der Unwürdigen vom Abendmahl als Bestandteil der *Kirchenzucht* vorgesehen. Der offenkundig unwürdige Lebenswandel einer Person musste von den Ältesten beobachtet und bestätigt und von der Gemeinde festgestellt werden. Somit war der Ausschluss vom Abendmahl nicht dem Urteil eines Einzelnen überlassen. Als Instrument zur Konfliktlösung sollte die Kirchenzucht ohne Ansehen der Person geübt werden.

Welche Rolle spielt die Kirchenzucht heute? Ist sie ein „blinder Fleck“ im reformierten Gemeindeleben? Gibt es Situationen, in denen ein solches erzieherisch und seelsorglich verstandenes Instrument sinnvoll einzusetzen wäre? Wie ist das Selbstverständnis heutiger Kirchenältester mit der Vorstellung Calvins vereinbar, dass sie die Kirchenzucht auszuüben hätten?

Verkündigung
Die Verkündigung (Predigt und Feier der Sakramente) steht im Zentrum des reformierten Gottesdienstes. Darauf weist in vielen reformierten Kirchen die Ausrichtung des Gestühls auf die Kanzel und die zentrale Anordnung von Taufstein und Abendmahlstisch hin. Der in den Augen Calvins angemessene Platz des Taufsteins ist allerdings am Eingang der Kirche, um deutlich zu machen, dass die Taufe den Zugang zur Gemeinde bedeutet.

Auch die Ordnung des reformierten Gottesdienstes zeigt die Bedeutung der Verkündigung. Wie in der Genfer Gottesdienstordnung von 1542 sind die Hauptbestandteile des Gottesdienstes bis heute die Verkündigung, „öffentliche Gebete" (CStA 2, 153; gemeint sind Psalmengesang und Gebete einschließlich Schuldbekenntnis) und die Feier der Sakramente.

Amtsverständnis
Calvins Amtsverständnis ist für reformierte Kirchen und Gemeinden bis heute prägend: Jesus Christus ist das Haupt der Gemeinde, und die Ämter in der Gemeinde sind Funktionen des Leibes Christi. Das schließt eine Mehrzahl der Ämter ein – und den Vorrang eines Amtes über ein anderes aus. Bis heute ist die Mehrzahl der Ämter (Verkündigung, Lehre, Leitung, Diakonie) für reformierte Kirchen charakteristisch.

Presbyterial-synodale Ordnung
In der *Confessio Gallicana (1559)*, dem maßgeblich auf Calvin zurückgehenden Glaubensbekenntnis der in Frankreich zerstreuten Kirchen, erhält die Ordnung der Kirche Bekenntnisrang. Das kommt in der Ämterlehre zum Ausdruck. Dabei wird ein besonderes Augenmerk auf das Predigtamt, das herrschaftsfreie Verhältnis der Ämter zueinander und die Kirchenleitung gelegt:

> Wir sind […] der Überzeugung, es sei gut und nützlich, daß diejenigen, die in leitende Ämter gewählt sind, untereinander darauf achten, welchen Kurs sie zur Leitung des Ganzen steuern müssen. Nur sollen sie keinen Schritt breit von dem abweichen, was uns dabei von unserm Herrn Jesus geboten ist. Dem steht jedoch nicht im Wege, daß es an jedem Ort, so wie es die Zweckmäßigkeit erfordern mag, einige besondere Richtlinien geben kann. (CStA 4, 67–69)

Nach Ursprüngen in der Straßburger (1534) und der Genfer Kirchenordnung (1542) hat die *presbyterial-synodale Ordnung* ihre Ausformung in der Emder Kirchenordnung (1571) erhalten:

Keine Gemeinde (Kirche) darf über die andern Gemeinden [...] die Herrschaft an sich reißen, kein Prediger über die andern Prediger, kein Ältester über die übrigen Ältesten, kein Diakon über die Diakone. Jede und jeder hat sich sorgfältigst auch vor dem Verdacht solcher Anmaßung und vor jedem Versuch [...] zu hüten. (EmdKO, 252)

Die Gemeinden ordnen ihre Angelegenheiten, so weit es ihnen möglich ist, selbständig. Die Leitung der Gemeinden liegt bei den aus Ältesten, Pastorinnen oder Pastoren zusammengesetzten Kirchenräten *(Presbyterien)*. Das ist das *presbyteriale* Element. Die Entscheidungen in der reformierten Kirche fällt nicht eine einzelne Person. Sie werden in örtlichen Gremien (Kirchenrat), in regionalen (Synoden) und überregionalen Zusammenkünften (Gesamtsynode) dazu gewählter und berufener Personen herbeigeführt. Das ist das *synodale* Element.

Eine synodale Beschlussfassung unterscheidet sich von einer demokratischen darin, wie sie zustande kommt: *Synodal* heißt, dass ein Beschluss im Bemühen um *Einmütigkeit auf dem Weg des Glaubensgehorsams* zustande kommt. Das ist ein anderer Weg als die im Ringen um Mehrheiten herbeigeführten Beschlüsse eines Parlaments oder einer direkten Demokratie.

Botschaft und Ordnung

Angefangen bei den Gemeinden über die regionalen Synodalverbände bis zur Gesamtkirche hat sich die Leitungsstruktur einer nach Gottes Wort reformierten Kirche daran messen zu lassen, ob der Zusammenhang von Botschaft und Ordnung gewahrt ist.

Für die unter der Federführung von Karl Barth (1886–1968) entstandene *Barmer Theologische Erklärung (1934)*, die in unierten und reformierten Kirchen als Bekenntnisschrift gilt, ist dieser Zusammenhang grundlegend. Das Gründungsdokument der Bekennenden Kirche entfaltet in sechs Thesen Botschaft, Gestalt und Auftrag der Evangelischen Kirche in der Zeit des Nationalsozialismus und grenzt sich von den politischen Machthabern und ihrer kirchlichen Entsprechung, den Deutschen Christen, ab: Jesus Christus ist das eine Wort Gottes. Im Zuspruch der Sündenvergebung und Anspruch auf unser ganzes Leben ist er Grund und Inhalt aller Verkündigung und der einzige Herr der Kirche. Die Kirche hat mit ihrer Botschaft wie mit ihrer Ordnung zu bezeugen, dass er in Wort und

Sakrament gegenwärtig handelt. Christus allein ist das Haupt seiner Kirche. Das schließt die Herrschaft eines kirchlichen Amtes über ein anderes aus. Die verschiedenen Ämter in der Kirche bringen zum Ausdruck, dass der Dienst Jesu Christi seiner ganzen Gemeinde anvertraut ist. Er besteht in der Ausrichtung des Evangeliums an alle Menschen.

Der für reformierte Theologie unaufgebbare Zusammenhang von Botschaft und Ordnung wird ins Negative verkehrt, wenn sich menschlich erdachte Ordnungen unter Berufung auf Gott von dessen Botschaft lösen und verselbständigen.

Ein Beispiel dafür ist die bis 1994 jahrzehntelang in Südafrika praktizierte *Apartheid*. Die sogenannte *„getrennte Entwicklung“ (Rassentrennung)* Menschen unterschiedlicher Hautfarbe wurde damit begründet, dass eine Ungleichheit der Menschen bereits in Gottes Schöpferwillen und Erwählung angelegt sei. Der Reformierte Weltbund stellte sich seit den 80er Jahren des 20. Jahrhunderts mit den schwarzen und farbigen reformierten Kirchen Südafrikas gegen diese vermeintlichen Einsichten. Er setzte die Mitgliedschaft der weißen südafrikanischen niederländisch-reformierten und altreformierten Kirchen aus, bis diese sich von der theologischen Begründung der Apartheid lossagten. Das ist bis heute nicht geschehen. Die sich aus farbiger und schwarzer Kirche vereinigende Reformierte Kirche in Südafrika (URCSA) hat in der Tradition der Barmer Erklärung im Bekenntnis von Belhar (1986) die Unvereinbarkeit der Apartheid mit dem Evangelium festgestellt. In einer Partnerschaftsvereinbarung (1999) zwischen URCSA, der Evangelisch-reformierten Kirche, der Lippischen Landeskirche und dem Reformierten Bund kommt die Verbundenheit mit den farbigen und schwarzen reformierten Kirchen Südafrikas zum Ausdruck. Sie wird in der gegenseitigen Anerkennung der geltenden Bekenntnisse, einem gemeinsamen Projekt „zur Globalisierung“ und im persönlichen Austausch verbindlich mit Leben gefüllt.

Kirche und Staat

Prophetisches Wächteramt

Die fünfte These der Barmer Erklärung beschreibt das Verhältnis von Kirche und Staat: Die Kirche erkennt an, dass der Staat dazu beauftragt ist, nach menschlicher Einsicht für Recht und Frieden zu sorgen. Indem sie den Staat daran erinnert, dass seine Aufgabe von Gottes Wort begründet und begrenzt wird, nimmt die Kirche ihr prophetisches Wächteramt wahr (Hes 3,17ff; 33,7).

Sie tut das im Vertrauen auf Gottes Wort, das in allen Bereichen des Lebens gilt (1. Kor 8,5f; Hebr 2,8). Damit würdigt die Barmer Erklärung einen bereits beim Zürcher Reformator Ulrich Zwingli angelegten Gedanken.

Bis heute ist es reformierten Christinnen und Christen eigen, zu politischen und gesellschaftlichen Fragen Stellung zu nehmen. Dass Reformierte als unbequem gelten, ist nicht politischer Anmaßung, sondern dem Hören auf Gottes Wort geschuldet. Die Erinnerung der Regierenden an die Begründung und Begrenzung ihrer Zuständigkeit dient notwendigen Klärungen, damit sie ihrer Aufgabe, für Freiheit und Gerechtigkeit zu sorgen, nachkommen können. Sehr zum Leidwesen der Genfer Obrigkeit setzte Calvin auch die Predigt als Mittel ein, um die politisch Verantwortlichen an ihre Zuständigkeiten zu erinnern. Mit Blick auf undurchsichtiges Finanzgebaren im Genfer Rathaus schreibt er 1545 an Petrus Viret: „Ich habe auch schon in fast zehn Predigten die Verhältnisse unserer [...] Stadtpolitik durchgenommen." (Briefe 1, 297)

Recht auf Widerstand

Die Entstehung der reformierten Kirchen war – abgesehen von den reformierten Kirchen in der Schweiz – in von Monarchen regierten Ländern wie Frankreich, England, Schottland oder den Niederlanden geprägt von der Verfolgungssituation der Gemeinden. Die Erben Calvins haben bei der Festigung der Reformation den Weg vom geduldigen Ausharren in der Verfolgung zum Teil verlassen und ihren Bedrückern aktiven Widerstand geleistet. Im *Schottischen Bekenntnis (1560)* des Calvin-Schülers John Knox heißt es zur Frage, welche Werke bei Gott als gut gelten:

Die Tyrannei niederhalten, die Schwachen gegen die Gewalt der Bösen verteidigen (Hes 22,1f; Jer 22,3f; Jes 58,6f). (ConfScot, 135)

Die Begründung eines Widerstandrechts gegen Tyrannen lässt sich mit einigem Recht aus den letzten Sätzen der Institutio Calvins folgern. Wenn im Zweifelsfall gilt, dass man Gott mehr gehorchen muss als den Menschen (Apg 5,29), ist für die Nachfolger Calvins das Widerstandsrecht gegen Tyrannen neben den genannten alttestamentlichen Belegstellen auch im Neuen Testament angelegt – als letzte Konsequenz aus dem Wort des Paulus: „Ihr seid teuer erkauft; werdet nicht der Menschen Knechte." (1. Kor 7,23)

Im 20. Jahrhundert war es der lutherische Theologe Dietrich Bonhoeffer (1906–1945), der angesichts der Judenverfolgung als einer der ersten die Notwendigkeit kirchlichen Handelns gegenüber dem Staat sah. In seinem Vortrag *Die Kirche vor der Judenfrage (1933)* geht Bonhoeffer davon aus, dass „sowohl ein Zuwenig an Ordnung und Recht als auch ein Zuviel an Ordnung und Recht [...] die Kirche zum Reden" zwinge (GS 2, 47): „Ein Zuwenig ist dort vorhanden, wo eine Gruppe von Menschen rechtlos wird," (ebd.) und ein „Zuviel an Ordnung und Recht [...] besagt, daß der Staat seine Gewalt so ausbaut, daß er [...] die christliche Verkündigung gefährdet" (ebd.). Unter dieser Voraussetzung hält Bonhoeffer eine dreifache Möglichkeit kirchlichen Handelns dem Staat gegenüber für erforderlich: 1. Der Staat muss für sein Handeln verantwortlich gemacht werden. 2. „Die Kirche ist den Opfern jeder Gesellschaftsordnung in unbedingter Weise verpflichtet, auch wenn sie nicht der christlichen Gemeinde angehören." (GS 2, 49) 3. Im Blick auf die verfolgten Juden bedeutet das konkret, „nicht nur die Opfer unter dem Rad zu verbinden, sondern dem Rad selbst in die Speichen zu fallen." (ebd.) Diese Haltung führte Bonhoeffer, der sich nachhaltig für die Anerkennung und Verankerung der Bekennenden Kirche in der Ökumene einsetzte, wenige Jahre später in den aktiven Widerstand gegen den Nationalsozialismus. 1943 wird Bonhoeffer verhaftet und nach zweijähriger Haft kurz vor Kriegsende im April 1945 im Konzentrationslager Flossenbürg hingerichtet.

Entwicklung zur Demokratie?

Zu den Bedingungen, unter denen sich ein demokratischer Staat entwickeln konnte, gehörte die Forderung der *Religionsfreiheit*. Calvin war der Auffassung, dass der Staat die Einhaltung beider Tafeln des Gesetzes und damit auch die freie Religionsausübung gewährleisten müsse. Dabei war für Calvin nicht die Staatsform entscheidend. Er selbst bevorzugte eine Mischung aus Aristokratie und Demokratie.

Calvin lag an einer Unterscheidung der Zuständigkeiten, nicht aber an einer Trennung von Kirche und Staat. Die von ihm geforderte *Selbständigkeit der Kirche* in eigenen Angelegenheiten deutete sich in dem wiederholten Versuch an, die Kirchenzucht als Mittel geistlicher Gewalt einzuführen.

Die von Calvin geforderte Selbständigkeit der Kirche in ihren Angelegenheiten war in den politischen Verhältnissen seiner Zeit nicht zu verwirklichen. Das gelang erst mit der Trennung von Kirche und Staat. In Deutschland wurde die Trennung von Kirche und Staat in der Weimarer Reichsverfassung von 1919 (Artikel 136–141) festgeschrieben.

Festzuhalten bleibt: Die mit dem Durchbruch und der Festigung der Reformation verbundenen gesellschaftlichen Umwälzungen und Weichenstellungen wären ohne Calvins Beitrag kaum denkbar gewesen. Sie wiesen langfristig auf eine demokratische Entwicklung in Europa und Nordamerika hin, ohne dass diese für Calvin vorhersehbar oder von ihm beabsichtigt gewesen wäre.

Wirtschafts- und Sozialethik

Umgang mit Armut

In der von Kaufleuten und vorindustrieller Produktion geprägten Stadt Genf war Calvin auch mit wirtschaftlichen Fragen befasst. Seine Predigten über das fünfte Buch Mose zeigen, wie vertraut er mit Fragen der Geldwirtschaft war und unter welchen Bedingungen er diese unterstützte. Calvin lehnte das kanonische Zinsverbot ab. Er tat das in der Überzeugung, dass das mittelalterliche Almosengeben und die Erlaubnis zu betteln an der Situation der Bedürftigen grundlegend nichts änderten.

Im Spätmittelalter lebte ein großer Teil der Bevölkerung in sichtbarer Armut und war auf die Almosen des wohlhabenden Bevölkerungsteils oder auf die im römischen Katholizismus entstandenen, in Berufsständen organisierten Bruderschaften angewiesen, die für ihre Mitglieder sorgten.

Die Aufhebung des Zinsverbots bot demgegenüber die Möglichkeit, über staatliche Kredite Beschäftigungsmöglichkeiten für Arbeitslose und Bedürftige in der Genfer Textilherstellung und -veredelung und später in der Uhrenindustrie zu schaffen. Produktivität und Handel konnten ohne eine geregelte Geldwirtschaft nicht funktionieren. Das Bankenwesen als gewerbsmäßigen Geldverleih lehnte Calvin dagegen als unvereinbar mit der Goldenen Regel (Mt 7,12) ab. Auch durfte ein Zins nur von vermögenden Personen genommen werden. Der Zinssatz war strikt auf 5 % festgelegt. Wie ein roter Faden zieht sich der Vorrang des Allgemeinwohls vor dem persönlichen Nutzen durch Calvins Denken. Für Calvin bemisst sich die Stärke eines Gemeinwesens am Wohl der Schwächsten.

Um die calvinische Wirtschaftsethik zu verstehen, ist auch die Situation der reformierten Christen in Frankreich und England zu beachten. Die Situation der Reformierten im 16. und 17. Jahrhundert ist in diesen Ländern der Situation der Juden im Hoch- und Spätmittelalter vergleichbar: Vom öffentlichen Leben weitgehend ausgeschlossen, waren sie gezwungen, in Finanzgeschäften und Handel tätig zu sein. Mit den reformierten Glaubensflüchtlingen kamen viele gebildete und gut ausgebildete Menschen in die Städte und Länder, die sie aufnahmen, beispielsweise in die Niederlande, nach Brandenburg-Preußen oder nach Ostfriesland. Dort trugen sie maßgeblich zur wirtschaftlichen Blüte der Gemeinwesen bei.

Um dem Grundübel der Armut abzuhelfen, forderte Calvin einen bescheidenen, von verlässlicher Arbeit geprägten Lebensstil.

Seine wohl stärkste Ausprägung fand dieser Lebensstil bei den Puritanern, den reformierten Christinnen und Christen in England und Schottland, und später in Nordamerika. In seinem Mutterland trat der *Puritanismus* für die *Reinigung* der Kirche von England von Resten des römischen Katholizismus ein – mit einer Konsequenz und einem Eifer, die in der „Glorreichen Revolution“ Oliver Cromwells (1599–1658) und in den Siedlerkolonien Nordamerikas einen sichtbaren, zum Teil auch gewaltsamen Ausdruck fanden. Mit der Einwanderung der „Pilgrim Fathers“ zu Beginn des 17. Jahrhunderts in Neuengland entwickelte sich der Puritanismus zu einer bis heute gesellschaftlich prägenden Kraft in Nordamerika. Gekennzeichnet durch eine Frömmigkeit, die mit einer starken Erwählungsgewissheit verbunden ist, gewissenhafte Unterweisung der Kinder und Jugendlichen und eine einfache Lebensführung, dient die Heiligung des ganzen Lebens der Verehrung Gottes. In Verbindung mit einer disziplinierten Arbeitshaltung wurde diese Lebenseinstellung zu Beginn des 20. Jahrhunderts als *„innerweltliche Askese“* (Max Weber), als *Enthaltsamkeit von weltlichen Dingen* bezeichnet: Ausruhen und Genießen, Geselligkeit und Luxus sind gegenüber Handeln und Tatkraft zur Ehre Gottes verpönt. Dass im Umkehrschluss am erwirtschafteten Kapital die Erwählungsgewissheit abzulesen sei und daher in dieser Lebenshaltung, kurz: im Calvinismus die Ursprünge des Kapitalismus zu suchen seien, ist eine bis heute oft wiederholte, aber nicht zutreffende Ansicht. –

Über seine Appelle zur Änderung des Lebensstils hinaus kritisierte Calvin den üppigen Lebenswandel der Wohlhabenden seiner Zeit. Er bezeichnete die Armut als ständige Herausforderung für das christliche Leben (Dtn 15,11). Diese Herausforderung verdeutlichte er mit dem Begriff des Bundes: Im Bund Gottes stehen Arme und Reiche gleichermaßen als Bedürftige vor Gott. Gott verweist sie aneinander (Dtn 24,19–22): Reiche sollen erkennen, dass sie nicht um ihrer selbst willen wohlhabend sind, sondern dass Gott sie fürsorglich an die Armen verweist. Das schließt einen gerechten Lohn für verlässliche Arbeit ein. Die Bedürftigen ihrerseits sollen ihre Situation nicht auf unlauterem Wege verändern.

In seinem Bestreben, die Situation der Bedürftigen nachhaltig zu verbessern, betonte Calvin: Die Armen und Fremden sind *unsere* Armen und Fremden (Ex 20,10; Dtn 5,14) und daher unserer Hilfe bedürftig. Zur Stärkung des diakonischen Dienstes regte er den Ausbau von Krankenhäusern und Waisenhäusern an. Johannes a Lasco erhob in der Londoner Kirchenordnung (1555) die geregelte Fürsorge an Bedürftigen zu einem wesentlichen Dienst der Gemeinde.

Der in heutiger Zeit global geweitete Blick zeigt, dass Armut und die ungleiche Verteilung der Güter weltweit ein unverändert dringliches Problem darstellen. Impulsen aus der südamerikanischen Befreiungstheologie seit Mitte der 60er Jahre des 20. Jahrhunderts ist es zu verdanken, den Blick verstärkt auf die gesellschaftlichen Bedingungen der Armut und auf den Zusammenhang von Armut und Gerechtigkeit gelenkt zu haben. Vor dem Horizont der aktuellen Debatte um „Globalisierung" ist die Armut in ihren Ursachen und Folgen als Herausforderung der Kirchen zu begreifen. Diese Herausforderung hat ihren Ausgangspunkt in der ökumenisch geteilten Einsicht, vor Gott bedürftig zu sein. Das ist die Voraussetzung, um ihrerseits bedürftigen Menschen im Einsatz für gerechte Lebensbedingungen das Evangelium in Wort und Tat auszurichten.

Wissenschaften, Kunst und Literatur

Aufgrund seiner humanistischen Prägung war Calvin gegenüber den *Wissenschaften* zur Erforschung, Erklärung und Gestaltung der Welt sehr aufgeschlossen (Inst II, 2,15). Das schlug sich seit dem 17. Jahrhundert in einem großen Anteil hugenottischer und puritanischer Forscher in den Natur- und Geisteswissenschaften, besonders in England und den Niederlanden, nieder.

Seit der Unabhängigkeit der Niederlande von der spanischen Krone (1581) bot die errungene Religionsfreiheit hugenottischen und puritanischen Glaubensflüchtlingen in großer Zahl Zuflucht. Geistiges und naturwissenschaftliches Zentrum war Leiden mit seiner 1575 gegründeten Universität. Hier lebte und arbeitete auch Rembrandt van Rijn (1606–1669), der hinsichtlich Calvins Wirkung auf die *Kunst* beispielhaft zu nennen ist. Seine Selbstbildnisse, Porträts und biblischen Szenen zeigen, was Calvin im Blick auf die Psalmen geäußert hatte: Im Spiel von Licht und Dunkelheit gewähren Rembrandts Werke Einblick in den Facettenreichtum menschlicher Empfindungen (vgl. PsKomm, 4) und zugleich in das lichtvolle Wirken Gottes an den Menschen.

In der niederländischen, der englischsprachigen, aber auch in der deutschen *Literatur* finden sich vielfältige Bezüge auf Calvin, allerdings weniger auf ihn selbst als auf seine vermeintliche oder tatsächliche Wirkung. Wohl am bekanntesten ist Stefan Zweigs Plädoyer für Gewissensfreiheit *Castellio gegen Calvin (1936)*. Zweig entfaltet die Auseinandersetzung um Michael Servet vor dem Hintergrund des Nationalsozialismus. So faszinierend und notwendig dieses Buch in seiner Zeit ist, so wenig wird es Calvin gerecht. Zweig hatte zwar über Calvin, aber nicht in dessen Werk recherchiert und auf diese Weise tief sitzende Vorurteile wiederholt und verstärkt.

Einen guten Einblick in die vom Calvinismus geprägte Geschichte der Niederlande bieten die Bücher von Maarten 't Haart. *Ein Schwarm Regenbrachvögel (1978)*, *Gott fährt Fahrrad (1979)*, *Die Jakobsleiter (1986)*, *Das Wüten der ganzen Welt (1993)*, *Die Netzflickerin (1996)*, *Das Pferd, das den Bussard jagte (2001)* und zuletzt *Der Psalmenstreit (2006)* gewähren einen wunderbar erzählten, tiefen Einblick in die calvinistisch geprägte Seele der Menschen, in das Leben und die Gesellschaft der Niederlande. Sie zeigen beispielhaft, dass sich nicht so sehr an Calvin selbst als vielmehr an seiner Wirkungsgeschichte die Geister scheiden. Zugleich wird deutlich, dass eine Verständigung in Glaubensfragen gegenseitigen Respekt, Humor und Selbstironie erfordert – und eine Auslegung der Bibel, die über Buchstabentreue und Ideologien hinausreicht, um die aus der Bibel gewonnenen Einsichten in ihrer Bedeutung für die Gegenwart zu erschließen.

Ausblick

Noch einmal wandert der Blick zur Büste Calvins auf meinem Regal. Nein, auf einen Sockel gehört er nicht. Ein Reformator taugt nicht zur Heldenverehrung. Und doch hat sich meine Sicht auf Johannes Calvin verändert. Seine markanten Züge bleiben, aber die altbekannten Zerrbilder treten zurück, um Calvins Rolle bei der Festigung der Reformation in Europa zu würdigen und seine Bedeutung für unsere Zeit deutlicher zu erkennen.

Eine solche Sicht auf Calvin führt uns zunächst – überraschend oder nicht – zu den Wurzeln unseres Glaubens. Gleichzeitig wird der Blick geweitet für den ökumenischen Horizont der Theologie Calvins. Wie die anderen Reformatoren hat er zu keiner Zeit daran gedacht, eine eigene „reformierte" Kirche oder Konfession zu gründen. In seinen Augen wäre es angemessen, von der katholischen Kirche in erneuerter Gestalt zu sprechen. Ist das ein neuer Blick?

Calvin hat den Begriff der Ökumene geweitet und präzisiert. Für ihn ist die Einheit der Kirche in Gott selbst begründet, bei ihm hat sie ihren Anfang und ihr Ziel. Damit reicht die Einheit der Kirche weiter als ihre jeweils sichtbare Gestalt. Sie ist ohne die Bindung an das Wort Gottes allerdings nicht zu erreichen: Ökumene unter Preisgabe wesentlicher, aus dem Wort Gottes gewonnener Einsichten gibt es mit Calvin nicht. Und er benennt eine unverzichtbare, unverändert aktuelle Voraussetzung für jedes ökumenische Gespräch: Im Kern geht es darum, dass Kirchen sich gegenseitig als Kirche anerkennen!

Die Beschäftigung mit Johannes Calvin führt Christinnen und Christen zu einer tieferen Erkenntnis ihrer eigenen Wurzeln. Das ist die notwendige Voraussetzung, um mit Menschen anderer Überzeugung, Lebenseinstellung oder Religion in ein Gespräch einzutreten und sie in ihrer Verschiedenheit wahrzunehmen. Damit weitet sich der Blick über den manchmal engen Horizont der Kirche hinaus.

Das christliche Zeugnis für die Welt kann, wenn es wirksam und glaubwürdig sein soll, nur ein gemeinsames, ökumenisches Zeugnis sein. Das könnte mit dem offensiven Eintreten für den Schutz der Sabbat- und Sonntagsruhe beginnen, um nicht aus falsch verstandener Rücksichtnahme eine offenbar immer wieder zu erstreitende Errungenschaft und damit einen heilsamen und gebotenen Lebensrhythmus zu verlieren.

Das gemeinsame christliche Zeugnis für die Welt beinhaltet neben der Fürbitte für diejenigen, denen für eine begrenzte Zeit die politische Verantwortung anvertraut ist, auch die Erinnerung der Politik an ihre Sorge für Gerechtigkeit und Freiheit und den Einsatz für die unveräußerlichen Menschenrechte. Diese geben jeder politischen Macht einen Rahmen, über den Politiker keine Gewalt haben. Verletzen oder verlassen sie diesen Rahmen, dann endet im Sinne Calvins die Pflicht zum Gehorsam.

Ich wende meinen Blick von der Calvin-Büste in die Calvin-Texte. Ja, seine markanten Züge bleiben. Er schätzt keine „allzu gemütliche Theologie" (CStA 1.2, 399), schon gar nicht eine, die dazu führt, das eigene Denken anderen zu überlassen, wie es einst die römische Kirche von den Genfern forderte.

Calvins Theologie fordert zum selbständigen Denken heraus. Das gehört zum reformierten Verständnis dessen, was evangelisch ist: Im Fragen nach Gott, im Nachdenken über ihn und im Reden zu Gott in der Gemeinschaft der Glaubenden selbständig zu sein – das hat seinen Grund und seine Grenze im Wort Gottes. Selbständig heißt nicht beliebig.

Calvin kennen zu lernen, heißt letztlich, sich von ihm zu einem mündigen Umgang mit der Bibel anregen zu lassen und die Aktualität seiner Einsichten für unsere Zeit wieder zu entdecken. Dabei ist Calvins Theologie nicht nur lehrreich, sondern immer auch trostreich. Sie stärkt das Vertrauen, dass durch den

> von Christus seinen Erwählten versprochenen Geist nicht mehr wir leben, sondern Christus in uns (Gal 2,20) […], daß die Welt für uns nicht mehr Welt ist, auch wenn wir noch in ihr wandeln, aber in allem zufrieden, betreffe es Heimat, Orte, Lebensumstände, Kleider, Nahrung und andere solche Dinge. Wir sind standhaft in Trübsalen, fröhlich in der Traurigkeit, stolz unter der Verurteilung, überreich in der Armut, erwärmt in der Blöße, geduldig in Übeln, lebend im Tod. (CStA 1.1, 55)

Literatur

(einschließlich verwendeter Abkürzungen)

CALVIN, JOHANNES, Auslegung der Heiligen Schrift in deutscher Übers., Bd. 4, Die Psalmen, 1. u. 2. Hälfte, übers. von K. Müller u.a., Neukirchen 1930 (PsKomm).

– Auslegung der Heiligen Schrift, Neue Reihe, hg. von O. Weber u.a., Bd. 8, Auslegung des Propheten Jeremia, in Auswahl übers. u. bearb. von E. Kochs, Neukirchen 1937 (JerKomm).

– Auslegung der Heiligen Schrift in deutscher Übers., Bd. 14, Ebräerbrief und katholische Briefe, Neukirchen o.J. (HebrKomm).

– Gebete zu den Vorlesungen über Jeremia und Hesekiel, übers. von W. Dahm, München [2]1935 (VorlGebete).

– Lebenswerk in seinen Briefen. Eine Auswahl von Briefen Calvins in deutscher Übersetzung von R. Schwarz, Bd. 1–3, Neukirchen 1961/62 (Briefe 1–3).

– Studienausgabe, E. Busch/M. Freudenberg/A. Heron/C. Link/P. Opitz/E. Saxer/H. Scholl (Hg.), Bd. 1.1–5.2, Neukirchen 1994–2007 (CStA 1.1–5.2).

– Unterricht in der christlichen Religion = Institutio Christianae religionis 1559, übers. und bearb. von Otto Weber, Neukirchen [4]1986 (Inst).

– Von der ewigen Vorherbestimmung Gottes, übers. und hg. von W.H. Neuser, Düsseldorf 1998 (aetpraed).

BARMER THEOLOGISCHE ERKLÄRUNG, in: G. Plasger/M. Freudenberg (Hg.), Reformierte Bekenntnissschriften. Eine Auswahl von den Anfängen bis zur Gegenwart, Göttingen 2005, 239–245 (BThE).

EMDER KIRCHENORDNUNG, in: P. Jacobs (Hg.), Reformierte Bekenntnisschriften und Kirchenordnungen in deutscher Übersetzung, Neukirchen 1949, 249–266 (EmdKO).

HEIDELBERGER KATECHISMUS, in: G. Plasger/M. Freudenberg (Hg.), Reformierte Bekenntnissschriften. Eine Auswahl von den Anfängen bis zur Gegenwart, Göttingen 2005, 151–186 (HK).

SCHOTTISCHES BEKENNTNIS, in: G. Plasger/M. Freudenberg (Hg.), Reformierte Bekenntnissschriften. Eine Auswahl von den Anfängen bis zur Gegenwart, Göttingen 2005, 124–150 (ConfScot).

BARTH, KARL, Die Theologie Calvins 1922, Vorlesung Göttingen Sommersemester 1922. In Verbindung mit Achim Reinstädtler hg. von H. Scholl, Zürich 1993.

BEINTKER, MICHAEL, Calvins Denken in Relationen, ZThK 99, 2002, 109–129.

BONHOEFFER, DIETRICH, Die Kirche vor der Judenfrage, in: E. Bethge (Hg.), Dietrich Bonhoeffer, Gesammelte Schriften Bd. 2, München 1959, 44–53 (GS 2).

– Widerstand und Ergebung. Briefe und Aufzeichnungen aus der Haft, hg. von E. Bethge, München [3]1952.

BUSCH, EBERHARD, Die Barmer Thesen 1934–2004, Göttingen 2004.

– Gotteserkenntnis und Menschlichkeit. Einsichten in die Theologie Johannes Calvins, Zürich 2005.

DANKBAAR, WILLEM F., Calvin. Sein Weg und sein Werk, Neukirchen 1959.
DIETRICH, WALTER/LINK, CHRISTIAN, Die dunklen Seiten Gottes, Bd. 1, Willkür und Gewalt, Neukirchen [3]2000.
FABER, EVA-MARIA, Symphonie von Gott und Mensch, Neukirchen-Vluyn 1999.
FAST, HEINOLD, Art. Täufer, in: RGG[3] VI, 1962, 601–604.
FLICK, ANDREAS, Hugenotten: Französische Glaubensflüchtlinge in Deutschland, in: Hugenotten 70, 2006, 43–59.
FREUDENBERG, MATTHIAS, „Arme habt ihr allezeit bei euch" (Joh 12,8), in: M. Böttcher u.a. (Hg.), Die kleine Prophetin Kirche leiten (FS G. Noltensmeier), Wuppertal 2005, 93–111.
– Johannes Calvin als Ausleger der Psalmen, Veröff. gepl. in: Hugenotten 72, 2009.
GOERTZ, HANS-JÜRGEN, Art. Täufer, in: RGG[4] VIII, 2005, 91–95.
HEINEMANN, GUSTAV W., Synode und Parlament, in: ders., Allen Bürgern verpflichtet. Reden des Bundespräsidenten 1969–1974, Frankfurt/Main 1975, 132–143.
HUBER, WOLFGANG, Folgen christlicher Freiheit, Ethik und Theorie der Kirche im Horizont der Barmer Theologischen Erklärung, Neukirchen [2]1985.
KRECK, WALTER, Die Eigenart der Theologie Calvins, in: J. Moltmann (Hg.), Calvin-Studien 1959, Neukirchen 1960, 26–42.
KRUSCHE, WERNER, Das Wirken des Heiligen Geistes nach Calvin, Göttingen 1957.
LINK, CHRISTIAN, Calvin und der Calvinismus, in: M. Heimbucher (Hg.), Hilfreiches Erbe? Zur Relevanz reformatorischer Theologie, Bovenden 1995, 97–119.
– Schöpfung. Schöpfungstheologie in reformatorischer Tradition, Gütersloh 1991.
– Calvins Erwählungslehre zwischen Providenz und Christologie, in: P. Opitz (Hg.), Calvin im Kontext der Schweizer Reformation, Zürich 2003, 169–193.
LOCHER, GOTTFRIED W., Calvin Anwalt der Ökumene, Zollikon 1960.
– Reformation als Beharrung und Fortschritt, in: W.H. Neuser (Hg.), Calvinus Theologus, Neukirchen 1976, 3–16.
MOLTMANN, JÜRGEN, Prädestination und Perseveranz, Neukirchen 1961.
NIESEL, WILHELM, Die Theologie Calvins, München 1938.
NEUSER, WILHELM, Theologie des Wortes – Schrift, Verheißung und Evangelium bei Calvin, in: ders. (Hg.), Calvinus Theologus, Neukirchen 1976, 17–37.
PLASGER, GEORG, Erkenntnis und Ehre Gottes, in: J.M.J. Lange van Ravenswaay/ H.J. Selderhuis (Hg.), Reformierte Spuren, Wuppertal 2004, 103–110.
OPITZ, PETER, Calvins theologische Hermeneutik, Neukirchen 1994.
RAUHAUS, ALFRED, Kleine Kirchenkunde, Göttingen 2007.
ROGGE, JOACHIM, Themen Luthers im Denken Calvins, in: W.H. Neuser (Hg.), Calvinus Servus Christi, , Budapest 1988, 53–71.
SCHOLL, HANS, Der Dienst des Gebetes nach Johannes Calvin, Zürich 1968.
SELDERHUIS, HERMAN J., Gott in der Mitte, Leipzig 2004.
SMIDT, UDO, Das Gebet bei Calvin, in: Reformierte Kirchenzeitung 80, 1930, 97–99.105–107.113–115.
SPARK, MURIEL, Die Blütezeit der Miss Jean Brodie, Zürich 1983.
VAN 'T SPIJKER, WILLEM, Calvin. Biographie und Theologie, Göttingen 2001.
STAEDTKE, JOACHIM, Johannes Calvin. Erkenntnis und Gestaltung, Göttingen 1969.
THIEL, ALBRECHT, In der Schule Gottes. Die Ethik Calvins im Spiegel seiner Predigten über das Deuteronomium, Neukirchen-Vluyn 1999.
ULRICH, JÖRG, Gestalten des reformierten Protestantismus in den Biographien Stefan Zweigs, in: S. Lekebusch/H.-G. Ulrichs (Hg.), Wuppertal 2002, 171–182.
WENDEL, FRANÇOIS, Calvin. Ursprung und Entwicklung seiner Theologie, Neukirchen 1968.